Kölsch von A bis Z

Kölsch von A bis Z

Ein Handwörterbuch
für Eingeborene, Zugezogene
und Durchreisende

Herausgegeben von
Willy Leson

Verlag J. P. Bachem in Köln

7. Auflage 1986

Satz und Druck: J. P. Bachem, Köln
Printed in Germany
ISBN 3-7616-0220-0

Ein neues Wörterbuch für eine alte Sprache

Generationen von Kölnern haben in Fritz Hönigs »Wörterbuch der Kölner Mundart« geblättert; wer in der Sonntagszeitung beim Lesen eines kölschen Verzällchens auf ein unbekanntes Wort stieß, wer eine Glückwunschadresse für den Vorsitzenden seines Kegelclubs auf Kölsch schreiben mußte oder wer sich einfach nur an so treffsicheren, verschmitzten Umschreibungen wie »Möckeföttche«, »Naserines« oder »Schabausül« erfreuen wollte: im »Hönig« fand er, was er suchte.

Seit vielen Jahren ist dieses kölsche Hausbrevier vergriffen; eine Neuauflage der seit fast 70 Jahren unveränderten letzten Fassung erschien nicht ratsam. Auch das 1959 ebenfalls bei Bachem erschienene »Kleine Wörterbuch der Kölner Mundart« ist inzwischen nicht mehr lieferbar; auf Hönig fußend und seine Schreibweise im wesentlichen übernehmend, hatte der Heimatdichter Goswin Peter Gath, bekannt als »Schang vum Vugelsang«, »die meistgebrauchten Wörter der heutigen kölschen Umgangssprache« in einem Taschenbuch zusammengetragen.

Hönig wollte mit seinem Wörterbuch all denen ein praktisches Hilfsmittel in die Hand geben, die Kölsch *schreiben*. Der 1833 in der Breite Straße geborene und am Alter Markt aufgewachsene Sohn eines Fabrikanten hatte sich nach Wanderjahren in Belgien und Frankreich neben seiner beruflichen Tätigkeit auch als Heimatdichter einen Namen gemacht; schon früh kam ihm die Idee, ein Kölner Wörterbuch zu veröffentlichen. 1877 konnte endlich die erste Ausgabe erscheinen. Hönig sammelte und verbesserte weiter bis zu seinem Tod im Jahre 1903. Seine Freunde setzten sein Werk fort und gaben 1905 im Verlag J. P. Bachem die neue Ausgabe heraus, die jahrzehntelang als Standardwerk gelten sollte und 1952 noch einmal unverändert nachgedruckt wurde.

Adam Wredes dreibändiger »Neuer kölnischer Sprachschatz« ist dagegen kein Handwörterbuch, sondern ein mit wissenschaftlicher Gründlichkeit angelegtes, sprach- und kulturgeschichtliches und zugleich volkskundliches Lesebuch. Es begnügt sich nicht mit der Bedeutungsangabe, sondern bringt in vielen Fällen einen umfangreichen Wortartikel über die Herkunft, über abweichende Formen, Bedeutungsveränderungen und Verwendungsmöglichkeiten, dazu Beispiele aus der Kölner Literatur und aus der Umgangssprache.

Kein Wunder also, daß immer wieder nach einem kleineren Handwörterbuch verlangt wurde, das wie der »Hönig« den alteingesessenen wie den vielen neu eingebürgerten Kölnern beim Umgang mit »ihrer« Mundart behilflich sein kann, die ja keineswegs von der Völkerwanderung der letzten Jahrzehnte überrollt worden ist, wie manche Pessimisten befürchtet hatten.

»Kölsch von A bis Z« soll diese Lücke füllen. Es enthält, in Anlehnung an den »Hönig«, ungefähr den Grundwortschatz, der heute noch im Kölner Dialekt verwendet wird, und zwar in einer Schreibweise, die dem Klangbild der Gegenwart möglichst nahekommt. Einige Grundsätze für die Auswahl der rund 8000 Stichwörter sollen hier erläutert werden.

Aufgenommen wurden nur solche, die sich in ihrer kölschen Form wesentlich von der hochdeutschen unterscheiden; Zeitwörter, bei deren Nennform in der mundartlichen Aussprache lediglich das Schluß-n fortfällt (z. B. *länge* = längen), findet man also fast nur dann, wenn sie mehrere Bedeutungen haben oder mit ähnlich klingenden verwechselt werden können.

Verzichtet wurde auch auf Angaben über die Herkunft aus fremden Sprachen, über Veränderungen der Wortgestalt in früherer Zeit, auf Redewendungen und Redensarten, auf Straßen- und Ortsnamen sowie auf viele Bezeichnungen aus dem Handwerksleben, die heute nicht mehr oder kaum noch geläufig sind. Auch die Vornamen wurden nach diesem Grundsatz ausgewählt; heute findet man nur noch selten die früher in Köln beliebten Namen.

In der Napoleonischen Zeit, aber auch schon vorher sind viele Haupt- und Zeitwörter aus dem Französischen übernommen und teilweise auf amüsante Weise »eingekölscht« worden. Sie blieben unberücksichtigt, wenn sie nicht in die Alltagssprache des Bürgers eingegangen oder besonders originell »verkölscht« worden sind.

Zusammengesetzte Zeitwörter wurden nicht immer aufgeführt, vor allem dann nicht, wenn durch die Verbindung mit der Vorsilbe keine wesentlich neue Bedeutung zustandegekommen ist.

Eine gewisse Willkürlichkeit ließ sich bei der Auswahl der Stichwörter, wie hier bereits zu erkennen ist, kaum vermeiden. Noch heikler ist das Problem der schriftlichen Wiedergabe der Aussprache; ein Dialekt ist nun einmal keine *Schrift*sprache. Im Gegensatz zu Wredes Werk konnte in unserem Buch keine Lautschrift verwendet werden, und ebensowenig zusätzliche Symbole für Betonungen oder Dehnungen und für offene oder geschlossene Selbstlaute. Der geborene Kölner hat den richtigen Klang der Wörter ohnehin im Ohr; um aber dem »Fremden« die Aussprache möglichst deutlich zu machen, wurde die Schreibweise der tatsächlichen Sprechweise von heute angepaßt. So wurde das g überall dort durch ein j ersetzt, wo es wie ein j gesprochen wird (z. B. *jon,* nicht *gon*), und das g am Schluß eines Eigenschaftswortes wurde durch ein ch wiedergegeben (z. B. *adich*, nicht *adig*). Steht das g im Inneren eines Wortes zwischen zwei Selbstlauten, so spricht es der Kölner als »Zäpfchen-r« (z. B. bei *Auge*). In diesem Fall erschien es uns allerdings richtiger, in der Schreibung das g beizubehalten, weil sich sonst für den Ungeübten leicht Mißverständnisse ergeben können. Bei der alphabetischen Anordnung wurden jedoch die im Hochdeutschen mit g beginnenden Stichwörter, obwohl sie hier ein j als Anfangsbuchstaben haben, unter G aufgeführt, um den Leser der Kölner Mundartdichtung nicht zu verwirren, der meist der alten Schreibweise mit g begegnet.

Ebenso wurde als Erleichterung für den Suchenden

die streng alphabetische Reihenfolge der Stichwörter eingehalten, wie sie bei einem Wörterbuch oder Nachschlagewerk üblich und zweckdienlich ist. Wredes »Neuer kölnischer Sprachschatz« bringt dagegen die zu einer Wortfamilie gehörenden Stichwörter jeweils hintereinander, weil es sich ja dort, wie schon erwähnt, mehr um ein Lesebuch handelt.

Abkürzungen wurden soweit wie möglich vermieden. Unumgänglich war allerdings bei den Hauptwörtern die Angabe des Geschlechts: m = männlich, w = weiblich, s = sächlich. Ihr folgt, wenn von dem Wort eine Mehrzahlform gebildet werden kann, die Abkürzung Mz mit der jeweiligen Mehrzahlendung oder -form (z. B. *Strohl,* m, Mz *-e*; *Kopp*, m, Mz *Köpp*).

Unterschiedliche Bedeutungen eines Wortes sind durch einen Strichpunkt voneinander getrennt (z. B. *Krönzel*, w, Mz *-e*, Stachelbeere; zimperliche Frau).

Die unterschiedliche Schreibweise für kölsche Laute und Wörter beruht nicht zuletzt darauf, daß in der Stadt früher mehrere verschiedenartige Dialekte gesprochen wurden. Mitten in der Altstadt klang manches anders als an der Peripherie, also in der Nähe der Torburgen, wo die »Kappesboore« wohnten, die sich nicht nur durch ihre Aussprache von der mehr städtisch geprägten übrigen Bevölkerung abhoben. Die Wurzeln der Verschiedenartigkeit reichen jedoch noch weiter zurück, bis etwa ins 12. Jahrhundert. Im 16. Jahrhundert wurde dann das Altkölnische, das sogar Schriftsprache war, vom Neuhochdeutschen abgelöst.

Sprachgeschichtlich gehört unser Dialekt zum Kölnisch-Ripuarischen, in dessen Bereich auch die Gebiete um Bonn, Euskirchen, Schleiden, Monschau, Aachen, Jülich und Düren liegen. Im Süden verläuft die Grenze da, wo einstmals die römischen Provinzen Ober- und Niedergermanien einander berührten. Sie ist stellenweise auch heute noch deutlich zu erkennen, wie etwa am Rhein zwischen Bad Breisig und Brohl, wo der Sprachraum des Moselfränkischen beginnt. Rechtsrheinisch wird die Mundart der ripuarischen Franken im Siebengebirge, im Einzugsgebiet der unteren und mittleren Sieg und im größten Teil des Bergischen Landes gesprochen.

Wer heute mit offenen Ohren durch die Straßen Kölns, ja sogar durch die traditionsreichen »Veedel« der Altstadt geht, wird feststellen, daß die Zahl der kölsch Sprechenden merklich zurückgegangen ist. Man muß sich fragen, ob der Dialekt hier wie in anderen Großstädten überhaupt noch eine Bedeutung oder gar eine Zukunft hat. Zweifellos ist das Kölsche als Volkssprache immer mehr im Schwinden begriffen; das bestätigt uns ein Besuch in der großen Pause auf einem Kölner Schulhof. Zwar machen sich viele Lehrer die Mühe, den Kindern in der Grundschule ein wenig Verständnis für kölsche Eigenart und Sprache zu vermitteln, und es bleibt nur zu hoffen, daß die Kinder ein wenig mehr davon behalten als von den römischen Zahlen, die ja auch einmal in der Geschichte unserer Vaterstadt eine Rolle gespielt haben.

Während bis zum ersten Weltkrieg noch in allen sozialen Gruppierungen kölsch gesprochen wurde, hat das Hochdeutsche besonders infolge der großen Bevölkerungsverschiebungen nach dem zweiten Weltkrieg und der ständig zunehmenden Mobilität der Menschen in der modernen Industriegesellschaft die Mundart immer mehr verdrängt. Die Massenmedien und die technologisch geprägte Sprache unserer Zeit haben daran einen nicht geringen Anteil. Diese Entwicklung ist zwar beklagenswert, aber nicht aufzuhalten. Heinrich Hack, der Herausgeber der Neuauflage von Hönigs »Wörterbuch der Kölner Mundart«, warf bereits 1905 einen düsteren Blick in die Zukunft: »Mit der Franzosenherrschaft bürgerten sich viele französische Wörter ein und behaupteten sich jahrzehntelang; heute sind sie einem großen Teile der Einwohnerschaft, namentlich dem jüngeren Geschlecht, schon wieder unbekannt. Gegenwärtig ist Köln in jeder Hinsicht eine offene Stadt geworden. Ihre Einwohnerschaft, die sich im Laufe eines Jahrhunderts nahezu verzehnfacht hat, ist mit Zugezogenen aus allen Gegenden des deutschen Vaterlandes durchsetzt, und bei der jetzigen raschen Kulturentwicklung ist vorauszusehen, daß die Kölner Mundart in bedeutend kürzerer Zeit als ehedem eine weitere Umgestaltung erfahren und sich der hochdeutschen Schriftsprache mehr und mehr nähern wird.«

Wir entfernen uns also immer weiter vom »klassischen Kölsch«, das man noch um die Jahrhundertwende hören konnte, ohne daß wir jedoch Hacks Pessimismus im vollen Umfang teilen müßten. Auch Goswin Peter Gath hatte 1959 im Vorwort zu seinem »Kleinen Wörterbuch der Kölner Mundart« von einem Verderbnisprozeß gesprochen, der um 1860 begonnen habe, und von einer Verfälschung »durch Übernahme der landkölnischen Aussprache«. Nur der, so meinte Gath, habe die rechte Liebe zu seiner Vaterstadt und deren Mundart, der bei sich selbst und bei seinen Kindern auf ein »reines Kölsch« achte.

Die kölsche Mundart ist immer eine lebende, ja sogar eine sehr lebendige Sprache gewesen, und sie hat wie die Bevölkerung Kölns von jeher manch fremdes Element in sich aufgenommen. Johanna Schopenhauer, die Mutter des Philosophen, hat Werden und Wandel des Wesens und der Sprache der Kölner in ihrem Buch »Ausflug an den Niederrhein und nach Belgien im Jahr 1828« klar erfaßt und trefflich beschrieben: »Der Kölner Dialekt im Munde des Volkes, eine Art Plattdeutsch, das aber mit der eigentlich niedersächsischen Mundart nur eine sehr entfernte Ähnlichkeit hat, noch weniger mit dem deutschen Patois der benachbarten Flamender, scheint eine ganz eigentümliche, für sich bestehende Sprache zu sein. Fremden, die selbst Niedersachsen sind, bleibt sie anfangs ganz unverständlich, und keinem wird es jemals gelingen, sie sich ganz anzueignen, und gäbe er sich auch größte Mühe darum. Eine Menge durchaus fremdartiger Worte, sowie die Physiognomie, die Gestalt und das ganze äußere Wesen der echten Kölner deuten durch mancherlei Eigentümlichkeiten auf eine in längst vergangenen Zeiten sich verlierende Abstammung von einem fernen Volke, von aus dem Süden eingewanderten Kolonisten; einige gelehrte Sprachkundige behaupten sogar, daß manche Worte, besonders aber Ortsbenennungen, die man täglich hier im Munde des Volkes hört, unter der nämlichen Bedeutung auch in der griechischen Sprache sich wieder antreffen lassen, worüber ich freilich nicht urteilen kann. In Bonn und der ganzen benachbarten Gegend, bis Koblenz zu, wird zwar auch eine Art Plattdeutsch gesprochen, aber der Kölner wird doch überall an seiner Sprache erkannt, die durch eine Menge verstümmelter, ursprünglich französischer Worte, welche während der langen Oberherrschaft der Franzosen in dieselbe aufgenommen wurden, noch seltsamer wird. Anfangs erscheint diese Sprache dem nicht daran Gewöhnten eher rauh und unangenehm, besonders da das Volk in Köln, wie in allen großen Städten, einen sehr lauten Sprachton sich angeeignet hat; doch wird man nur einigermaßen mit ihr bekannt und lernt sie verstehen, so gewinnt sie etwas ungemein Ehrliches und Treuherziges, wie alle plattdeutschen Dialekte. Verstehen und sprechen können muß diese Volkssprache jeder Einwohner von Köln, denn sie bietet das einzige Mittel, sich, selbst den nicht ganz niederen Volksklassen, verständlich zu machen und zugleich ihr Vertrauen zu gewinnen; im Munde der Gebildeten hat sie sogar eine gewisse anmutige Naivität, die besonders im Munde der Frauen sehr angenehm werden kann; auch ist sie aus den engeren Familienkreisen, selbst der vornehmeren, noch bei weitem nicht ganz verbannt, und Anklänge aus ihr werden selbst beim Hochdeutschen der geistreichsten und gebildetsten Männer und Frauen sehr merkbar. Das Hochdeutsche im Munde der Kölner hat überhaupt etwas Fremdartiges, das aber bei weitem nicht so unangenehm breit und platt auffällt als zum Beispiel in Österreich; auch bedienen sie sich mancher Ausdrücke auf eine ganz eigentümliche Weise; fragt man eine Kölner Dame, ›bleiben Sie heute abend zu Hause‹?, so antwortet sie ›doch‹ statt ja. Eine Hamburgerin, eine Leipzigerin setzt ihren Hut auf und tut ihren Shawl um, eine Kölnerin zieht beides an . . . Übrigens halten die Kölner ihre eigentliche Volkssprache sehr in Ehren; sie im Theater zu hören, macht ihnen immer viel Freude, und manches Lied wird in ihr gedichtet, besonders zur lustigen Karnevalszeit . . .«

Die Offenheit des kölschen Wesens gegenüber allem Neuen und vor allem Ungewöhnlichen zeigt sich nicht zuletzt in der Fähigkeit, verblüffende, humorvolle und sehr treffende Bezeichnungen für Menschen, Dinge und Zustände zu erfinden und sich bei dieser Gelegenheit Fremdartiges einzuverleiben. So wäre es nicht verwunderlich, wenn die kölsche Sprache von den zahlreichen Gastarbeitern italienische, spanische, portugiesische, griechische, serbokroatische, ja sogar türkische und arabische Wörter übernehmen und assimilieren würde.

Die Sprache der Kölner hat einen gesunden Magen; das hat sie in vielen Jahrhunderten bewiesen, und es läßt uns hoffen, daß sie allen besorgten Voraussagen zum Trotz ihren Platz im babylonischen Sprachengewirr zu Füßen der Domtürme auch weiterhin behaupten wird.

Wörterverzeichnis

A

Aach, w, Acht, Bann
aach, acht
Aach un Kraach, met –, mit knapper Not
aachjeve, achtgeben, beobachten
aachte, achten, schätzen
Aap, w, Mz **-e,** Affe
Ääpche, s, Mz **-r,** Äffchen
aape, äffen
Aaperei, w, Mz **-e,** dummes Zeug
Aasch, m, Mz **Ääsch,** Gesäß
Aaschkröffer, m, Mz **-e,** Speichellecker, Schmeichler
Aaschloch, s, Mz **-löscher,** Arschloch
Aaß, w, Mz **-e,** Achse
Aat, w, Mz **Aate,** Art
Abtrett, m, Mz **Abtredde,** Abort
Abtrettsbrell, m, Mz **-e,** Klosettbrille
Abtrettsdeckel, m, Mz **-e,** Abortdeckel; besonders großer Pfannkuchen
äch, echt
Ackerschmann, m, Mz **-lück,** Bauer, Landmann
Ackerschpääd, s, Mz **-päde,** Ackerpferd
Äd, w, Erde
Ädappel, m, Mz **-äppele,** Kartoffel
Ädäppelschlot, m, Kartoffelsalat
Ädäppelspannekooche, m, Kartoffelpfannkuchen
Ädäppelszupp, w, Kartoffelsuppe
Ädbevve, s, Erdbeben
addeere, zusammenzählen
Addelskar, w, Mz **-e,** Jauchekarre
Addelspohl, m, Mz **-pöl,** Jauchepfuhl
äde, irden
Ädejeschärr, s, Töpfergeschirr
Ädewaar, w, Mz **-e,** Töpferware
adich, artig
adjüs und **adjö,** leb wohl
af, ab; ermattet
Afbroch, m, Mz **Afbröch,** Abbruch

afdeckele, von oben herunter zurechtweisen
Afdeilung, w, Mz **-e,** Abteilung
Afdrock, m, Mz **-dröck,** Abdruck
Affall, m, Mz **-fäll,** Abfall
Affär, w, Mz **-e,** Sache, Angelegenheit
afhängich, abhängig, abschüssig
Afjangk, m, Mz **-jäng,** Abgang
afjebraht, abgebracht; abgewöhnt
afjedrevve, abgetrieben
afjehovve, abgehoben
afjeläv, abgelebt, verlebt
afjepaß, abgepaßt
afjeschmack, abgeschmackt, bösartig, niederträchtig
afjon, abgehen; auftauen; gelingen
Afjoß, m, Mz **-jöß,** Abguß; Speichelsammler an Pfeifen
Afjrund, m, Mz **-jründ,** Abgrund
Afjunst, w, Mißgunst, Neid
afjünstich, mißgünstig, neidisch
afknöppe, abknüpfen; abnehmen
afköhle, abkühlen
afköze, abkürzen
afkratze, abkratzen; abreisen; sterben
afkrose, sich abrackern
afloße, ablassen
aflüse, ablösen
afmöde und **afmöhe,** abmüden; abmühen
afmole, abmalen, porträtieren
afraafe, betasten; gewaltsam abreißen
afracke und **afrackere,** angestrengt abmühen
afrühme, abräumen
afschliefe, abschleifen
afschlon, abschlagen
Afschnett, m, Mz **-edde,** Abschnitt
afschnigge, abschneiden
afschödde und **afschöddele,** abschütten und abschütteln
afschröme, mit Linien abzeichnen, abstechen
afschüme, abschäumen
Afschuum, m, Abschaum
afsetze, eine Strafe absitzen; absetzen

afsicks, abseits
afsin, absehen; matt sein
afspenstich, abwendig
afspließe, abspleißen, abspalten, absplittern; einsparen
Afsproch, w, Mz **-e,** Absprache
Afstand, m, Mz **-ständ,** Abstand, Verzicht, Unterschied
afständich, gealtert, verlebt
afstäuve, abstauben
afsterve, absterben, eingehen, verwelken
afston, abstehen, zurückstehen, zurücktreten
afsträufe, abstreifen
afstrigge, abstreiten
afstüsse, abstoßen
afsunderlich, absonderlich
afträcke, abziehen, ohrfeigen
afwade, abwarten
afwieche, abweichen
afwiese, abweisen
afwippe, abschleudern, abwimmeln
afwoge, abwiegen
afzappe, abzapfen
Afzoch, m, Mz **-zöch,** Abzug
afzwecke, abzwicken, sparen
ähnz, ernst
Ähzenbalch, m, Mz **-bälch,** Erbsenbalg; Soldat
Ähzenbär, m, Mz **-e,** Erbsenbär; bärbeißiger Mensch
Ähzezäller, m, Erbsenzähler; Geizhals, Pedant
Ähzezupp, w, Erbsensuppe
ajeere, handeln, die Arme hin- und herbewegen
Ajeseech, Anjeseech, s, Mz **Ajeseechter,** Angesicht
ajewahße, halberwachsen; an- oder festgewachsen
Ajewende, w, Angewohnheit
ajiteere, aufwiegeln, sich für eine Sache bemühen
ajuja, Freudenruf im Karneval
Ak, m, Mz **-te,** Akt, Handlung
Äkel, m, Ekel, Abscheu
akkumedeere, sich nach jemand richten
akkurat, genau, sorgfältig
Akkuratess, w, Genauigkeit, Sorgfalt

äklich, ekelhaft, unangenehm
alaaf, Hochruf, Trinkspruch
Alärm, m, Alarm, Geschrei
alarmeere, alarmieren, aufschrecken, beunruhigen
alät, behende, fröhlich, munter
Alätche, s, Mz **-r,** verdünntes Getränk
Aldemaat, m, Alter Markt
Alderdum, s, Altertum, hohes Alter
äldere, auch **äldre,** altern
allereesch und **allereets,** allererst
allerjrötst, allergrößt
Älend, s, Elend
älendich, elendig
Alf, m, Adolf
allbeienein, alle zusammen
allebeids, allebeidse, beide
alledach, täglich
Allemannsjeck, m, Mz **-e,** närrischer, läppischer Mensch, der von allen zum besten gehalten wird
allemol, allemolde, jedesmal
allernöks, allernächst
allersicks, auch **allersigge,** allerseits
Allersiele, Allerseelentag
allewiel, aber jetzt
allt, bereits, schon
alt, ahle, ahl, alt
altfränksch, altmodisch, antik
Altrüscher, m, Trödler
Altrüschersch, w, Trödlerin
älts und **ältste,** älteste
Altwieversummer, m, sonniger Spätherbsttag; fliegendes Herbstspinngewebe
Amelang, m und s, kurz wie ein Amen in der Kirche
Amp, s, Mz **Ämpter,** Amt
amperich, säuerlich
Ampmann, m, Mz **-männer,** Amtmann
Ampsbroder, m, Mz **-bröder,** Amtsbruder
Andaach, w, Mz **-te,** Andacht
andäue, antreiben, anschieben

Andeil, m und s, Anteil
anderhalv und **anderthalv,** anderthalb
andermol, ein ander Mal
anderdachs, anderen Tags
andersch, anderschter und **andeschter,** anders
anderthalv, anderthalb
Andieveschlot, s, Endiviensalat
andore, andauern
andrage, anschwärzen, antragen, hinterbringen
Andräjer, m, **Andräjersch,** w, Mz **-e,** Anträger(in), Verleumder, Verleumderin
Andrees, m, Andreas
Andrev, m, Antrieb
andrieve, antreiben
andügge, andeuten
andun, ankleiden; antun, Böses zufügen, zumuten
anenein, anenander, aneinander
anfahre, harte Vorwürfe machen
Anfall, m, Mz **-fäll,** Anfall, plötzliche oder wiederkehrende Erkrankung
angele, angeln, ohrfeigen
Angenies, m, Anis
Angenis, Nis, s, Agnes
Angs, w, Mz **Ängste,** Angst
anhalde, anhalten
anhan, anhaben, bekleidet sein
Anhang und **Anhangk,** m, Anhang, Sippe
Anhüh, auch **Anhühde,** w, Anhöhe
anhühe, anhöhen, anschütten
anjehovve, angehoben
Anjeseech, Ajeseech, s, Mz **-ter,** Angesicht
anjesin, angesehen
Anjestallte, m, Angestellter
anjestemmp, angestemmt
anjevve, angeben, anmelden
anjewahße, angewachsen, halb ausgewachsen
Anjewende, w, Angewohnheit
anjewenne, angewöhnen
anjon, angehen; sich entzünden, in Fäulnis übergehen

anjringe, Gesichter schneiden, die Zähne zeigen
anjedrüsch, angetrocknet
ankascheere, engagieren, verpflichten
Anklävsel, s, Angeklebtes, Nachträgliches, Zusatz
anklevve, ankleben
anklotze, anglotzen
anknigge, ankreiden, borgen
anläje, anlegen
Anlijje, s, Anliegen
anmaache, anrühren, anmengen, anzünden
anmode, anmuten
Ann, Änn, s, Anna
Annekatring, s, Anna-Katharina
Annemarie, s, Annemarie
annemme, annehmen, aneignen
Anold, Arend, m, Arnold
Anräch, s, Mz **-te,** Anrecht
Anreech, s, Mz **-te,** Anrichte
anröchich, anrüchig, übel beleumundet
anrode, anraten
Ansching und **Asching,** m, Anschein
anschingend, anscheinend
Anschlaach, m, Mz **-äch,** Anschlag
anschmirre, anschmieren, betrügen, übervorteilen
anschnaue, grob anfahren, beschimpfen
anschnigge, anschneiden
Ansin, s, Ansehen
Ansproch, m, Mz **-öch,** Anspruch, Nachfrage
Ansproch, w, Mz **-e,** Ansprache
ansteche, anzünden, ein Faß anschlagen
anstemme, anstimmen
anstivvele, anstiften, zu etwas verleiten, bereden
anston, anstehen, passend sein
Anstrech, m, Anstrich
Anstricher, m, Anstreicher
anstüsse, anstoßen
anträcke, ankleiden, anziehen
antredde, antreten
Antun, m, Anton

antwoode, antworten
Antwoot, w, Mz **-woode,** Antwort
anwerfe, anwerfen, zuerst werfen
anwerve, anwerben
anzappe, anzapfen
Apeteker und **Apteker,** m, Mz **-e,** Apotheker
Aplekus, w, Mz **-e,** Aprikose
Appel, m, Mz **Äppel,** Apfel
Appelkän, m, Mz **-e,** Apfelkern
Appelketsch, w, Mz **-e,** Apfelkerngehäuse
Appelkruck, s, Apfelkraut
Appelkumpott, s, Apfelmus
Appeltaat, w, Mz **-e,** Apfeltorte
Appelzien, w, Mz **-e,** Apfelsine
Appetik, m, Appetit
Aprel, m, April
Aprelsjeck, m, Mz **-e,** jemand, der am 1. April zum Narren gehalten wird
arangschere, in Ordnung bringen, arrangieren
Arangschemang, s, Mz **-s,** Anordnung, Vereinbarung
arbeide, arbeiten
Arbeidskiddel, m, Mz **-e,** Arbeitskittel
ärch, arg, schlimm, sehr
Ärm, m, Mz **-e,** Arm
ärm, arm
Ärmbroch, m, Mz **-bröch,** Armbruch
Ärmelückskind, s, Mz **-er,** armer Leute Kind
Ärmlückskrom, m, elende Wirtschaft, wertloses Gerät, verschlissene Möbel
Ärmeräch, s, Mz **-te,** Armenrecht
Ärmevatter, m, Mz **-väter,** Armenpfleger
Ärmot, w, Armut
ärmsillich, armselig
Ärmslängde, w, Armlänge
Äsch, w, Asche
Äschekrützje, s, Mz **-r,** Aschenkreuz (auf der Stirn, als Zeichen der Buße am Aschermittwoch)
Äschepuddel, m, Mz **-e,** ungepflegte weibliche Person
Aß, m, Mz **Äß,** Ast

ätepetät, geziert, vornehm tuend
Attack, w, Mz **-e,** Anfall, Angriff, Überrumpelung
attakeere, angreifen, anfallen
au! Ausruf des Schmerzes
Auch, s, Mz **-ge,** Auge
Auchappel, m, Mz **-äppel,** Augapfel
Augeflitter, m, Mz **-e,** Augenwimper
Äujelche, s, Mz **-r,** kleines Auge, Öse zum Einhaken
Augelid, s, Mz **-lidder,** Augenlid
Augesching, m, Augenschein
äuje, zielen, lugen
auksioneere, versteigern
ävver, aber
Ax, w, Mz **-e,** Axt

B

Baach, w, Mz **Bääch,** Bach
Baas, m, Mz **-e,** der Beste, Erste, Meisterknecht
Baat, m, Mz **Bäät,** auch **Bät,** Bart
Bäätes, m, Albert, Hubert, Lambert usw., alle Namen, die mit -bert enden
Baatkrätzer, m, Barbier
Baatschrabber, m, Mz **-e,** Barbier
Babaditzje, s, Mz **-r,** Wickelkind; jemand, der sich kindisch benimmt, sich beim Essen beschmutzt
Babba, m, Papa
Bäbbel, m, Mz **-e,** Mund
babbele, auch **bäbbele,** klatschen, schwätzen
Bäbbelsmuul, w und s, Mz **-e,** geschwätziger Mensch
Bäbbelsschnüß, w, Mz **-schnüsse,** Schwatzmaul
Back, m, Mz **-e,** Becken, Tragemulde für Kalkspeise
Backe, s, Mz **-r,** Wange
Backes, s, Mz **-e,** Bäckerei, Backhaus
Backstuv, w, Mz **-stuvve,** Backstube
Backzant, m, Mz **-zäng,** Backenzahn
Badbütt, w, Mz **-büdde,** Badewanne
bahl und **bal,** bald
Bahrdooch, s, Mz **-döcher,** Bahrtuch
Bajasch, w, Gepäck
Balangks, w, Gleichgewicht
balangkseere, balanzieren
Balbeer, m, Mz **-e,** Barbier
balbeere, rasieren
Balbutz, m, Mz **-e,** Barbier
Balch, m, Mz **Bälch,** Balg, ungezogenes Kind
Balchping, w, Leibschmerzen
bälke, schreien, widerlich rufen, unschön singen
Bälkes, m, Mz **-e,** Schreimaul
Balkung, m, Mz **-s,** Balkon
Ballung, m, Mz **-s,** Ballon
Baltes und **Balzer,** m, Balthasar
bammele und **bampele,** baumeln, schlotterig hängen
bammelich, schlotternd, herunterhängend

Band, m, Mz **Bänd,** Reifen um Faß und Bottich
Band, w, Mz **-e,** Bande, Vereinigung, Gesellschaft
bangmaache, jemanden ängstigen
Bängel, m, Mz **–e,** Bändel
Bängelche, m, Mz **-r,** Bändelchen
bängele, bändeln; durchprügeln
bängelich, ängstlich, furchtsam
Bangendresser und **Bangeschesser,** m, ängstlicher, feiger Mensch
Bangmächer, m, Schreckgestalt, Vogelscheuche
bankrotteere, Bankrott machen
banne, bändigen, beherrschen, bezwingen
Bär op Söck, Mensch von unbeholfener Gangart
Bärb, Bärbche, Bärbel, s, Barbara
Bäreknies, m, Dachdecker-Faserkitt
Bäreleider, m, Mz **-e,** Bärenführer; tölpelhafter Mensch, Fremdenführer
Baretche, s, Mz **-r,** kleine halbrunde Kopfbedeckung für Geistliche und Glatzköpfe
bärfoß, bärfößich, barfuß
Bärm, m, Fruchtbarmen; Haufen, Menge
Barung, m, Mz **-e,** Baron
Bas, w, Mz **-e,** Base
Basch, m, Mz **Bäsch,** Barst, Sprung in Glas und Porzellan
basch, barsch
baschte, bersten; sterben, verenden; **sich ze Baschte arbeide,** zu Tode abmühen
baschtich, viel, sehr
Baselemanes, m, Handkuß, Verbeugung, Kratzfuß, Umschweif, Kompliment
Baselum, s, Mz **-s, Baselümche,** s, Mz **-r,** Arbeitskittel, der bis zur Hüfte reicht
baserich, aufgeregt, befangen, verwirrt, verlegen
basses, Ausruf des Abscheus oder Ekels
Bätbroder, m, Mz **-bröder,** Frömmler
Bätmöhn, w, Mz **-e,** Betschwester, Frömmlerin
Bätram, m, Bertram
bätsche, antragen, schwatzen; mit offenem Mund Speisen hörbar zerkauen

Bätschkaastemännche, s, Mz **-r,** Schwätzer, Schwätzerin
Bätschmul, w, Mz **-müler,** Schwätzer, Schwätzerin
Battiß und **Tiß,** m, Johann Baptist
Batze, m, Hinterteil bei Mensch und Tier
Batzestöck, s, Mz **-er,** Schenkelstück beim Vieh
batzich, frech, trotzig
Bau, m, Mz **Bäu,** Bau
Bäuche und **Böche,** s, Mz **-e,** kleiner Bau
baue, bauen
Bäumann, m, Mz **-männer,** Schreckgestalt für Kinder
bäume, bäumen
Baumläufer, m, Specht
Baumöl und **Baumollich,** m, Baumöl, Olivenöl
Baumwoll, w, Baumwolle
bauze, verärgert heulen
beaachte, beachten, beobachten
beantwode, beantworten
beäuje, besehen, besichtigen, revidieren
bedaach, bedacht
bedde, beten, bitten
Beddel, m, Bettel
beddele, betteln
Beddelei, w, Mz **-e,** Bettelei, Kleinigkeit
Beddelmann, m, Mz **-lück,** Bettler
Beddelskrom, m, ärmliche Verhältnisse
Beddelstav, m, Bettelstab
Beddelswiev, s, Mz **-er,** Bettlerin
bedeene, bedienen; **bedeent sin,** dienlich, passend sein; **dem nit bedeent sin,** ihm zum Schaden sein
Bedeente, m, Diener, Beamter
bedööchte, bedünken
bedore, bedauern
bedörfe, bedürfen
bedräue, bedrohen
bedreje, betrügen
bedresse, mit Exkrementen beschmutzt; betrogen
Bedreßje, s, Mz **-r,** kleine Betrügerei
bedrevve, betrieben
bedrieße, mit Exkrementen beschmutzen; betrügen

Bedriev, m, Mz **-e,** Betrieb, Eifer, Eile, Emsigkeit
bedrieve, betreiben
Bedroch, m, Betrug
Bedröjer, m, Betrüger
bedröve, betrüben
Bedrövnis, w, Mz **-nisse,** Betrübnis
Bedücknis, w, Mz **-se,** Bedeutung
bedügge, bedeuten
bedun, sich –, begnügen, sich behelfen
bedusele, sich einen leichten Rausch antrinken
beede, bieten
beerve, beerben
beet sin, im Spiel verloren haben; erschöpft sein
Befell, m, Mz **-e,** Befehle
befelle, befehlen
Beffje, s, Mz **-r,** weißer Kragenlapppen bei Geistlichen; Brustkrause
Befinge, s. Befinden
befließije, befleißigen
befremb, befremdet
befriddije, befriedigen
befründe, befreunden
Befungk, m, Befund
behätze und **behätzije,** beherzigen
behöde, behüten
Behölf und **Behölp,** m, Behelf
bei sin, ausgeglichen sein, eingeholt haben
beidersicks und **beidsersicks,** beiderseitig
beidersiggich, beiderseitig
beidrage, beitragen
beidrieve, beitreiben
beids und **beidse,** beide
Beiekorv, m, Mz **-körv,** Bienenkorb
beienein, beieinander, zusammen
beiere, zur Kirmes läuten; Anschlagen der Klöppel an die ruhende Glocke in bestimmtem Rhythmus
Beievolk, s, Mz **-völker,** Bienenschwarm
beiflichte, beipflichten, zustimmen
beijebraht, beigebracht

beijelaht, beigelegt
beijeeße, zugießen
beijeschrevve, beigeschrieben
beijetrodde, beigetreten
Beihau, m, Mz **-häu,** Knochenbeigabe beim Fleischkauf
beiholle, bei-, ein- und nachholen; beischaffen
beikumme, beikommen, einholen, erreichen
beiläje, beilegen
beinäks, beinahe, sehr nahe
beinoh, beinahe
beischeeße, zuschießen
beisichtich, kurzsichtig
beisick und **beisigge,** beiseite
Beißel, m, Mz **-e,** Meißel
beiston, beistehen
beistöre, beisteuern
beizicks, beizeiten
bejammere und **bejömere,** bejammern
bejenne, beginnen
bejerre, begehren
bejevve, sich begeben
Bejing, w, Mz **-e,** Nonne; alte Jungfer; Betschwester
Bejingebützje, s, Mz **-r,** kalter, förmlicher Kuß auf Stirn oder Wange
bejliche, begleichen
bejnöje, begnügen
bejöbbele, sich beim Erbrechen beschmutzen
bejon, begehen
bejov, begabt
Bejovung, w, Mz **-e,** Begabung
Bejreff, m, Mz **-e,** Begriff
bejribbele, begrübeln, überlegen, besinnen
bekerre, bekehren
bekicke, begucken, besehen
beklaafe, bereden, verleiten
bekläbbele, bespritzen
bekladdere, beschmutzen
beklevve, bekleben
beknüsele, beschmutzen

belaht, belegt
beläje, belegen
belämmere, betrügen, überlisten, übervorteilen
beläv, belebt
beleddere, beledern, mit Leder belegen; dicht machen
beleje, belügen
Beleeve, s, Belieben
beleeve, belieben
belevve, beleben
Bell, w, Mz **-e,** kugelförmiges Glöckchen
Bell, Bellche, Bill und **Billa,** s, Sibylla
Bella, s, Isabella
Bellejeck, m, Mz **-e,** Schellennarr im Karneval
bellich, billig
belööchte, beleuchten
belore, belauern
beluhne, belohnen
beluusche, belauschen
beluustere, belauschen, behorchen
bemöhe, bemühen
bemokele, betrügen
bemole, bemalen
bemuschele, schwätzend überlisten
benäut sin, etwas begehren, um etwas verlegen sein
benedeie, glückselig preisen, segnen
Benemme, s, Benehmen
benemme, benehmen
benevvele, benebeln, sich betrinken
Bengel, m, Mz **-e,** Knüppel; kräftiger Junge; Flegel
bengele, schlagen, prügeln
benne, binnen, drinnen, inwendig
Bennekant, w, Mz **-e,** Innenseite
benobert, benachbart
benotze, benutzen
benüdije, benötigen
benüsele, berauschen
beödere, beordern
beopsichtije, beaufsichtigen
beplatsche, sich mit Kot oder mit Flüssigkeit bespritzen

beraafe, befühlen, betasten
berappe, bezahlen
beräuije, beruhigen
beraut, bereut
berchav, bergab
berchop, bergauf
beredde, beritten; bereden
bereechte, berichten
berode, beraten
Berof, m, Mz **-röf,** Beruf
berofe, berufen
beröhre, berühren
berotschlage, beratschlagen
besätze, besetzen
beschämp, beschämt
beschät, beschert
bescheeße, beschießen
bescherre, bescheren
beschesse, mit Kot beschmutzt; betrogen
beschinge, bescheinen; bescheinigen
beschlabbere, durch unvorsichtiges Essen besudeln
beschleeße, beschließen
beschliche, beschleichen
beschlofe, beschlafen, in Erwägung ziehen, überlegen
beschlon, beschlagen
beschmuddele, beschmutzen
beschnedde, beschnitten
beschnigge, beschneiden
beschnuddele, berotzen
beschnuve, beschnüffeln
beschödde, beschütten
beschöldije, beschuldigen
beschötze, beschützen
beschrieve, beschreiben
beschrigge, beschreiten
beschubbe und **beschuppe,** betrügen
beschummele, betrügen, übervorteilen
Beschüppche, s, Mz **-r,** kleine Betrügerei
beschwerre, beschweren

beschwöre, beschwören
beseibele, sich beim Essen und Trinken beschmutzen
beseivere, Speichel aus dem Mund fließen lassen
besenne, besinnen
besetze, besitzen
besin, besehen
besinge, besingen
besöke, besuchen
besolle, besohlen
bespaut, bespuckt
bespeie, bespucken
bespölt, bespült
Beß, m, Mz **Besse,** Biß; Bissen
Beß, w, Großmutter, beste Mutter
beß, et beß, am besten
Bessem, m, Mz **-e,** Besen
Bessemsries, s, Mz **-rieser,** Besenreiser
bessich, bissig
beßje, ein bißchen, ein wenig
bestallt, bestellt
bestemme, bestimmen
Bestemo und **Bestemoder,** w, Großmutter, gute Alte
Besteva und **Bestevader,** m, Mz **-e,** Großvater; Alter
bestolle, bestohlen
beston, bestehen
bestraut, bestreut
besträv, bestrebt
bestredde, bestritten
bestrevve, bestreben
bestriche, bestreichen
bestrigge, bestreiten
bestrunze, lobend übertreiben, schmeicheln
besuffe, besaufen
beswicle, bisweilen
betratsche, mit Kot bespritzen; eine Sache in den Schmutz ziehen
betrecke, beziehen
betrocke, bezogen
betrodde, betreten

betrore, betrauern
better, bitter
betterlich, bitterlich
Bettdresser, m, Bettscheißer; feiger Kerl
Bettfläsch, w, Mz **-e,** Bettflasche
Bettjading, w, Mz **-e,** Bettvorhang
Bettlad, w, Mz **-e,** Bettstelle
Bettlake, s, Bettleintuch
Bettsecker, m, Bettnässer; feiger Mensch
Bettstatt, w, Mz **-städde,** Bettgestell
betuppe, betupfen; betrügen
beuje, biegen
beunräuhije, beunruhigen
bevör, bevor, ehe
bevve, beben
bewaache, bewachen
bewaaße, bewachsen; mit Krämpfen behaftet
bewäje, bewegen
beweete, bewirten
bewerve, bewerben
Bewies, m, Mz **-e,** Beweis
bewiese, beweisen
bewonne, bewohnen
bewoß, bewußt
Bezoch, m, Mz **-zöch,** Bezug, Überzug
bezwievele, bezweifeln
bezwinge, bezwingen
Bich, w, Mz **-te,** Beichte
Bichstohl, m, Mz **-stöhl,** Beichtstuhl
bichte, beichten
Bien und **Bienche,** s, Jakobine
Bienche, s, Mz **-r,** Bienchen
Bienestech, m, Mz **-e,** Bienenstich; Kuchen mit Cremeschicht
Bierbuch, m, Mz **-büch,** aufgeschwemmter Bauch eines Biertrinkers
Bies, s, Mz **-ter,** Tier; gemeiner, roher Mensch
bieße, beißen
Biesterei, w, Mz **-e,** Gemeinheit, Schweinerei

biestich, bestialisch, gemein, schmutzig, zotig
Biljar, s, Mz **-s,** Billard
Bimbam, hellijer –, Ausruf der Verwunderung
bimmele, mit kleinen Glöckchen läuten; langsam essen
Bimmelsschell, w, Mz **-e,** hellklingende Schelle
bimsche, durchprügeln
binge, binden, entbinden
Binz, w, Mz **-e,** kleiner Klicker
Bir, w, Mz **-re,** Birne
Birrekruck, s, Birnenkraut
Bise, Mz, Märzschauer mit Schnee oder Hagel
Blitzersche, s, Mz **-r,** die ersten Zähne bei Kindern
Blaach, m und s, Mz **Blage,** lästiges Kind
bläck, bloß, nackt
bläddere, blättern
blagisch, blagig, läppisch, kindisch
Blam, m, aufsehenerregendes, lästerndes Gerede
blamabel, schimpflich
Blamasch, w, Vorwurf, Tadel, Beschimpfung
blameere, blamieren
blänge, blenden
Blänk, m, Glanz
blänke, blinken, glänzen
Blänkejänger, m, Schulschwänzer
blänke jon, mit Absicht die Schule versäumen
blänkich, blank, glänzend
Blattluus, w, Mz **-lüs,** Blattlaus
Blattstöck, s, Mz **-er,** Schulterstück beim Vieh und beim Männerhemd
bläue, Wäsche blau färben; durchprügeln
Blech bubbele, Unsinn schwätzen
bleche, zahlen
Bleche Botz, blecherne Hose; früheres Kölner Zivilgefängnis in der Schildergasse
Blechschläjer, m, Klempner
blecke, blicken, sehen
bleie, bleiern
Bleies, s, Mz **-se,** flaches Blei- oder Zinkdach
Bletz, m, Mz **-e,** Blitz

bletze, blitzen
bletzeblänk, blitzblank, spiegelblank
bletzeblo, blendend blau, dunkelblau
bletzich, aufbrausend, heftig
blieve, bleiben
Bling, m und w, Mz **-e,** der und die Blinde; Strohmann beim Spiel
bling und **blink,** blind
blinge, blenden, blindmachen
blingelings, blindlings
blo, blau
blo Auch, s, Mz **-ge,** blaues Auge, durch Stoß oder Schlag blutunterlaufenes Auge
blo Blömche, s, Mz **-r,** Lüge, Vorspiegelung
Bloder, w, Mz **-e,** Hautwasserblase
blodich, blutig
Blöff, m, Bluff
blöffe, bluffen, einschüchtern, verlegen machen
blöhe, blühen
blöke, blöken; heulen; rülpsen
Blom, w, Mz **-e,** Blume
blomache, blauen Montag machen
Blömche, s, Mz **-r,** Blümchen; Muskatblüte
Blömcheskaffe, m, dünner Kaffee
Blomeäd, w, Blumenerde
Blomekühl, m, Blumenkohl
Blomemaat, m, Mz **-määt,** Blumenmarkt
Blomepott, m, Mz **-pött,** Blumentopf
Blomesom, m, Blumensamen
Blomestöck, s, äußeres Rippenfleisch vom Rind
Blomestruuß, m, Mz **-strüß,** Blumenstrauß
Blos, w, Mz **-e,** Blase, Papiertüte
Blosbalch, m, Mz **-bälch,** Blasebalg
blose, blasen
blose, einem jet –, einem Wunsch nicht entsprechen
Blöser, m, Bläser, Trompeter
Blot, s, Blut
Blöt, w, Mz **-e,** Blüte
blotärm, blutarm; ganz mittellos

Blotboch, w, Mz **-böche,** Rotbuche
blotdöchtich, blutdurstig
Blothungk, m, Mz **-hung,** Bluthund; Wucherer
Blotijel, m, Mz **-e,** Blutegel
Blotjeer, w, Blutgier
Blötsch, m, Mz **-e,** Einbeulung, Einbiegung
blötsche, einbeulen, eindrücken, einstoßen
Blotsche, m, Holzschuh
Blötschkopp, m, Mz **-köpp,** Dummkopf
Blötschnas, w, Mz **-e,** eingedrückte Nase
Blotschwerre, m, Blutgeschwür
Blotsdröppche, s, Mz **-r,** Blutströpfchen, Fuchsie
blotwinnich, äußerst wenig
Blotwoosch, w, Mz **-woösch,** Blutwurst
blümerant, unwohl, schwindelig
Blus, w, Bluse, Kittel
blus, bloß, nackt
Bluse, m, der nackte Hintern
blusfoß, barfüßig
bluskopps, barhäuptig
Boch, w, Mz **Böche,** Buche
Boch, s, Mz **Böcher,** Buch
Bochbender, m, Buchbinder
Böchelskrom, m, minderwertiger Hausrat
Böchenholz, s, Buchenholz
Böcherschaaf, s, Mz **-schäfer,** Bücherschrank
Böcherschriever, m, Gelehrter, Schriftsteller
Bochfink, m, Mz **-e,** Buchfink
Bochweis und **Bochweize,** m, Buchweizen
böcke, bücken
Böckem, m, Mz **-e,** Bücking
böckemsdrüch, trocken wie ein gebratener Bücking
Bod, m und s, Rand, Bord
Bod, s, Bord, Brett
Böd, w, Mz **-e, Bödche,** s, Mz **-e,** Bürde; Gebund
Boddefrau, w, Mz **-e,** Botin
Boddem, m, Mz **Böddem,** Boden
böde, bürden; einfassen
bödevoll, bödich, bis zum Rand voll

Bödsel, s, Mz **-e,** Einfassungsbändchen
Bohr, s, Mz **-e,** Bohrer
bohre und **borre,** bohren
Bohrwing, w, Mz **-e,** Bohrwinde
böke, dumpf brüllen (bei Rindern); laut rülpsen
boldere, geräuschvoll arbeiten, poltern, toben
Bolderjan und **Boldrian,** m, Mz **-e,** Polterer
Bolderwage, m, Leiterwagen
Böllaasch, m, Mz **-ääsch,** Mensch mit sehr dickem Hintern; dicke glänzende Fliege mit starkem Hinterleib
Bolle, m, Hinterteil vom Vieh
Böllemann, m, Mz **-männer,** gedrungener Mensch
bollere, kollern, rollen
Bölles, m, Mz **-se,** dicker Mensch
Bolzenieser, s, Mz **-e,** Bügeleisen mit Vorrichtung zum Einlegen der glühenden Eisenbolzen
Bölzje, versoffe –, s, Mz **-r,** Saufbold
bombardeere, bombardieren
Bomm, w, Mz **-e,** Bombe
Bommel, w, Mz **-e,** Ohrgehänge
Bömmel, m, Mz **-e,** Glockenklöppel
Bommelasch, w, Mz **-e,** Goldgehänge an Uhrketten
Bömmelche, s, Mz **-e,** kleines Ohrgehänge
bommele, baumeln, bummeln
Booerschmann, m, Mz **-männer** und **-lück,** Landmann
Böökes, m, Mz **-e,** Aufstoßen, Blähung
böökse und **böke,** aufstoßen, rülpsen
Boor, m, Mz **-e,** Bauer
Böösch, w, Mz **-te,** Bürste, Borsten
bööschte, bürsten
Bööschtebender, m, Bürstenbinder
Bööschtekopp, m, Mz **-köpp,** kurzer Haarschnitt
Booß, w, Mz **-e,** Buße, Strafgeld
Borasch, m, Borretsch
bordeere, einfassen
Bordör, w, Mz **-e,** Fassung, Randstreifen
Borebahnhoff, m, ländlicher Bahnhof; breites Gesäß
Boredörp, s, Mz **-r,** Bauerndorf
Borekirmes, w, Mz **-se,** geschmackloses Durcheinander

Borekrom, m, geschmackloses Zeug
Boretrampel, w, plumpe Frau
borneet, beschränkt, dumm
borre und **bohre,** bohren
Bösch, m, Mz **-e,** Busch
böße, büßen
Bosse, m, Posse, Streich
bossele, auch bosele oder busele, kleine Arbeiten mit Geschick und Geduld verrichten
Bosselsarbeit, w, Mz **-arbeide,** geduldige Arbeit an Kleinigkeiten
Bott, m, Mz **Bött** und **Bodde,** Bote
Botter, w, Butter
Botterramm, w, Mz **-e,** Butterbrot
Botterblom, w, Mz **-e,** Butterblume
Botterbrütche, s, Mz **-r,** Butterbrötchen
bottere, buttern
Botterfaaß, s, Mz **-fäßer,** Butterfaß
botterjäl, buttergelb
Bottervugel, m, Mz **-vüjjel,** gelber Schmetterling
Botz, w, Mz **-e,** Hose
Botzeknopp, m, Mz **-knöpp,** Hosenknopf
Botzemann, m, Mz **-männer,** kleiner Junge, der Hose und Jacke an einem Stück trägt
Botzebein, s, Hosenbein
Botzeboddem, m, Mz **-böddem,** Hosenboden
Botzendresser, m, Hosenscheißer; Feigling
Botzeschlader, w, Mz **-e,** abknöpfbares Vorder- oder Hinterteil; Hosenlatz
Botzeschlaach, m, Hosenlatz
bovve, oben
bovvenan, obenan
bovvendren, bovvendrop, obendrein
bovveneröm, bovvenöm, oben herum
bovvenop, obenauf
Bovvenöpche, s, hoch gelegenes Dirnenstübchen
Bövveschte, m, w und s, Oberster, Oberste, Oberstes
Brand, m, Brennmaterial, besonders: Gemengsel von Kohlen, Lehm und Wasser

Brandbloder, w, Mz **-e,** Brandblase
Brandewing, m, Branntwein
Brandfuß, m, Mz **-füß,** Brandfuchs; Rothaariger
Brandmor, w, Mz **-e,** Brandmauer
Bräng, w, Bedrängnis, Druck, Enge, Verlegenheit
bränge, bringen
Brännes, s, Mz **-e,** Branntweinbrennerei
Braß, m, lästige Arbeit
Brassel, m, Haufen; große Arbeit; verschlissener Kram
brassele, ohne Plan arbeiten, rastlos arbeiten
bräue, brauen
Bräues, s, Mz **-e,** Brauhaus
Brechieser, s, Mz **-e,** Brecheisen, Stemmeisen
Brechmeddel, s, Mz **-e,** Brechmittel; unangenehme Person
Bref, m, Brief
Brefdräjer, m, Briefträger
Brefduv, w, Mz **-e,** Brieftaube
Breide, w, Breite
breit, breide, breit
Breitlauf, s, Breitlauch
Brell, m, Mz **-e,** Brille
Brellemann, m, Mz **-männer,** Brillenträger
Brellescheid, w, Mz **-e,** Brillenetui
Brems, w, Mz **-e,** Bremse, große Stechfliege
Brennieser, s, Mz **-e,** Haarbrenneisen
Brezel, m, Mz **-e,** Bretzel
Brezel, w, **en fing** –, eine sich zierende Frau
brezelich, geziert, zimperlich
brilljeere, blinken, funkeln, glänzen, schimmern; sich hervortun
Britz, w, Mz **-e,** Latten-, Bretterverschlag; Holzschlafstelle, Pritsche
britze, durchprügeln
Broch, m, Mz **Bröch,** Bruch
Bröch, w, **en de – jon,** in die Brüche gehen, vergehen, verloren gehen
broch, brach, unbeackert
Brochband, s, Mz **-bäng,** Bruchband

Brochbud, w, Mz **-e,** baufälliges Gebäude
Brochlade, m, Geschäft mit mieser Ware
bröchich, zerbrechlich, baufällig
Brock, w, Mz **-e,** kleines Stück von gebranntem Zucker
Bröck, w, Mz **Brögge,** Brücke; dickes Butterbrot
Brocke, m, Brocken; schwere, dickleibige Person
Brode, m, Braten
brode, braten
bröde, brüten
Broder, m, Mz **Bröder,** Bruder
Brodermännche, s, Mz **-r,** jüngerer Bruder; Anrede: lieber Bruder
Broderschaff, w, Mz **-schafte,** Bruderschaft, katholische Kongregation
Broderschdoochter, w, Mz **-dööchter,** Nichte
Broderschson, m, Mz **-sön,** Neffe
Bröggejeld, s, Mz **-er,** Brückengeld
Bröh, w, Brühe
bröhwärm, brühwarm
Bröhnessel, w, Mz **-e,** Brennessel
brölle, brüllen, schreien
Brölles, m, Mz **-e,** Schreier
Bromel, w, Mz **-e,** Brombeere
Brosch, w, Mz **-e,** Brosche, Vorstecknadel
Brot, w, Brut
Brotpann, w, Mz **-e,** Bratpfanne
brötsche, braten, schmoren
Brotwoosch, w, Mz **-wöösch,** Bratwurst
Bruch, m, Brauch, Gebrauch, Herkommen, Sitte
bruche, brauchen
Bruck, w, Mz **Brück,** Braut
Bruckkääz, w, Mz **-e,** Brautkerze
Brucklück, Mz, Brautleute
Brucknaac, w, Brautnacht
Bruckstöck, s, Mz **-er,** Hochzeitsgeschenk
Bruddel, m, Mz **-e,** fehlerhafter Stich bei Handarbeiten; Zank, Zwist, Wirrwarr
bruddele, fehlerhaft arbeiten, verpfuschen
Bruddelskrom, m, Durcheinander

Brummbär, m, Mz **-e,** brummiger Mensch
brumme, brummen, schelten
Brummes, s, Mz **-e,** Schelte, Zurechtweisung; brummige, übelgelaunte Person
brung, braun
Brus, w, Mz **-e,** Brause
bruse, brausen
Bruß, Bros, w, Mz **Bröß,** Brust
brüste, brüsten
Brut, s, Mz **Brude,** Brot
brutäns, broternst; wahrhaftig, wirklich
brutärm, sehr arm
Brutbüggel, m, Mz **-e,** Brotbeutel
Brütche, s, Mz **-r,** Brötchen
Brutdeich, m, Brotteig
Brutjrümmel, m, Mz **-e,** Brotkrume
Bruthär, m, Mz **-e,** Arbeitgeber, Brotherr
Brutknäppche, s, Mz **-er,** Endstück eines Brotes
Brutkorv, m, Mz **-körv,** Brotkorb
Brutkrom, w, Mz **-e,** Brotkrume
Brutmetz, s, Mz **-er,** Brotmesser
Brutschaaf, s, Mz **-schäfer,** Brotschrank
brutwinnich, sehr wenig
Bubbelazius, m, Mz **-se,** Schwätzer
Bübbelche, s, Mz **-r,** Küßchen (Kindersprache)
bübbele, küssen
bubbele, schwätzen
Bubbelwasser, s, Alkohol
Buch, m, Mz **Büch,** Bauch
Büchelche, s, Mz **-r,** Bäuchlein
Buchjoot, w, Mz **-e,** Bauchgurt
Buchping, w, Leibschmerzen
buchsatt, übersatt
Bud, w, Mz **-e,** Bude
Buddel, m und w, Mz **-e,** Schnapsflasche
Büggel, m, Mz **-e,** Beutel
büggele, beuteln, sieben
Büggelschnigger, m, Beutelschneider, Wucherer
Buhei, m, Aufsehen, Umschweif, Übertreibung

Buheimächer, m, Lärmmacher, Umstandskrämer
Büjel, m, Mz **-e,** Bügel
büjele, bügeln
Bukett, s, Mz **-e,** Blumenstrauß
Bül, w, Mz **-e,** Beule
büle, einbeulen
bülich, gebeult
bummele, schlendern
bumse, heftig klopfen, aufschlagen, trommeln
Bumskopp, m, Mz **-köpp,** Dickschädel
Bumslokal, s, Mz **-e,** anrüchige Kneipe
bunk, bunt
Bunn, w, Mz **-e,** Bohne
Bünäl, m, Dielennagel; Spottname für Schreiner
bünne, dielen, mit Holz belegen
Bunnekruck, s, Bohnenkraut
Bunnerohm, w, Mz **-e,** Bohnenstange; dürrer Mensch
Bünnesje, s, Mz **-r,** niedliches kleines Kind
Bunneschlot, m, Bohnensalat
Bunnestrüh, s, Bohnenstroh
Bunnezupp, w, Bohnensuppe
Bürch, m, Bürge
Burja, s, Walburga
Bürjermeisterschstöck, s, Hinterbeinfleisch vom Rind
Bürjerschhus, s, Mz **-hüser,** Bürgerhaus
Bürjerschkoß, w, Hausmannskost
Bürjerschlück, schlichte Bürger
Bürjerschmann, m, Mz **-lück,** Bürgersmann
Busel, m, Mz **-e,** Person, die niedrige, schmutzige Arbeit verrichtet
Büselche, s, Mz **-r,** kleines dralles Kind
Büß, w, Mz **Büsse,** Büchse, Flinte
bustabeere, buchstabieren
Butaniseerbüß, w, Mz **-büsse,** Botanisierbüchse
Bütt, w, Mz **Büdde,** Waschkübel; Rednerkanzel bei Karnevalssitzungen
Butz, w, Mz **-e,** Krönchen der Äpfel und Birnen
Butz, m, Mz **Bütz,** Kuß; Stoß
bütze, küssen

Butzekopp, m, Mz **-köpp,** Gegeneinanderstoßen zweier Köpfe; turbanartiger Kinderhut
Butzel, m, Mz **-e,** kleiner strammer Junge
Butzelche, s, Mz **-r,** kleines kräftiges Mädchen
Bützhängche, s, Mz **-r,** Kußhändchen
Bützje, s, Mz **-r,** Küßchen
Bützmul, w, jemand, der gern küßt
buusche, bauschen
Buzemann, m, Schreckgespenst für Kinder

C

In der Kölner Mundart werden wie im Hochdeutschen die meisten Wörter, die früher ein c als Anlaut hatten, heute mit k oder z geschrieben. Bei den übrigen handelt es sich fast immer um Namen oder wissenschaftliche Bezeichnungen, die aus fremden Sprachen übernommen wurden und für die es im Kölschen keine eigene Form gibt, so daß an dieser Stelle keine Wörter zu verzeichnen sind.

D

dä, da, Ausruf der Überraschung
dä, der, dieser
Daach, s, Mz **Dächer,** Dach
Daachdrauf, w, Mz **-dräuf,** Dachtraufe
Daachfinster, s, Mz **-e,** Dachfenster
Daachhas, m, Mz **-e,** Katze
Daachkall, w, Mz **-e,** Dachrinne
Daachreuter, m, Mz **-e,** Dachreiter, Firstziegel
Dach, m, Mz **Däch,** Tag; **alle -s,** alle Tage
Dachluhn, m, Mz **-lühn,** Tagelohn
Dachlühner, m, Tagelöhner
dachsdrop, am folgenden Tag
Dachsleech, s, Tageslicht
dachsüvver, tagsüber
Dachszick, w, Mz **-zigge,** Tageszeit
Dadderich, m, Händezittern, bes. bei Alkoholikern
däftich, echt, gediegen
Dagedeev, m, Mz **-e,** Tagedieb
Daggelsbein, Mz, Dackelbeine, krumme Beine
däjinnije, Mz **diejinnije,** derjenige
Dal, s, Mz **Däler,** Tal
Daler und **Dalder,** m, Mz **-e,** Taler
Damp, m, Mz **Dämp,** Dampf, Aufregung; Trunkenheit
dämpe, dampfen, dämpfen; stark rauchen
dämpich, dampfend, kurzatmig
Dampscheff, s, Mz **-e,** Dampschiff
Dann, w, Mz **-e,** Tanne
Dannälche, s, Mz **-r,** ganz kleines Weißfischchen
dännen, tannen, aus Tannenholz
Dännebösch, m, Tannenbusch
Dänneholz, s, Tannenholz
Dannezappe, m, Tannenzapfen
dänns, vun -, von dannen, von dannen her
Danz, m, Mz **Dänz,** Tanz
Danzboddem, m, Mz **-böddem,** Tanzboden
danze, tanzen
Dänzersche, w, Tänzerin

Danzmeister, m, Mz **-e,** Tanzmeister; jemand, der eine gezierte, tänzelnde Gangart hat
Danzschohn, m, Tanzschuhe
Danzschull, w, Mz **-e,** Tanzschule
Därm, m, Darm
Därmkullik, w, Leibschmerz
Därmsick, w, Mz **-sigge,** Darmsaite
därnevve und **drnevve,** daneben
däselve und **drselve,** derselbe
dat, das, dies, welches; daß
Dat, w, Mz **Date,** Tat
Datchen un en Ditche, s. dies und das; Kleinigkeiten
datjinnije, dasjenige
Däts, m, Mz **-e,** Kopf
Dau, m, Schub, Stoß; Tau, Duft, tauartiger Überzug auf Früchten
Däubroder, m, Mz **-bröder,** fauler, phlegmatischer Mensch
däuchte, dünken
däue, drücken, stoßen
Dauf, w, Mz **-e,** Taufe
däufe, taufen; Getränke mit Wasser verdünnen
Daufesching, m, Taufschein
Daufestein, m, Taufstein
dauge, taugen
Daugenix, m, Mz **-e,** Taugenichts
Däukar, w, Mz **-e,** Schiebkarre
Däumoder, w, Mz **-e,** Stiefmutter
dauv, taub; matt, ohne Glanz
Dauve, m, Schwerhöriger, Tauber
de, die, diese, welche
deck, dick; **deck dun,** prahlen, sich etwas einbilden
deckele, jemandem schlagfertig antworten
deckhan, überdrüssig sein
Deckichkeit, w, Beleibtheit
Deckopp, m, **-köpp,** eigensinniger Mensch
decklievich, dickleibig
Decksack, m, Mz **-säck,** dicker Mensch
decksatt, völlig satt

Deckte, w, Dicke
deech, dicht
deechte, dichten, dicht machen
Deechter, m, Dichter
deef, tief
Deefde, w, Tiefe
deene, dienen
Deens, m, Dienst
Deensiefer, m, Diensteifer
deenlich, dienlich
Deenslück, Mz, Dienstleute
Deensmäd, w, Mz **-e,** Dienstmagd
Deensmann, m, Mz **-lück** und **-männer,** Tagelöhner
Deer, s, Mz **-e,** Tiere
Deich, m, Mz **-e,** Teich
Deich, m, Teig
deihe, gedeihen
Deil, m und s, Teil
Deilche, s, Mz **-r,** ein kleiner Teil; Kuchengebäck
deile, teilen
Deilung, w, Mz **-e,** Teilung
dejinnije, diejenige(n)
deklameere, deklamieren
Dell, w, Mz **-e,** Beule in einem Blech
demödich, demütig
Demot, w, Demut
Denkmol, s, Mz **-möler,** Denkmal
Denkpäusje, s, Mz **-r,** kurzer Schlaf
derartich, derartig
derdurch, dadurch
derheim, zu Hause
derher, daher
derjliche, dergleichen
dernoh, danach
derzick und **derziggen,** damals, derzeitig
Desch, m, Mz **-e,** Tisch
Deschspreit, w, Mz **-spreide,** Tischdecke
desjliche, desgleichen
despekteerlich, geringschätzig, verächtlich

Destel, w, Mz **-e,** Distel
Destelbaum, m, Mz **-bäum,** Deichsel
Destelstruch, m, Mz **-strüch,** und **-strücher,** Distelstrauch
Destelfink, m, Mz **-e,** Stieglitz
destemih und **destemihter,** desto mehr
desunjeaach, dessen ungeachtet
Deuker, den - och, den Teufel auch
Deut, keinen - wäät, Ausdruck der Geringschätzung oder Wertlosigkeit
Deuvel und **Düvel,** m, Mz **-e,** Teufel
die und **ding,** dein; **dinge** und **dingen,** deine und deinen
Dier, s, Mz **-e,** Tier
Dijel, m, Mz **-e,** Tiegel
Dill, m, Mz **-e,** Diele
Dilla, Dillche, Tilla, s, Ottilie
Dillendöppche, s, Mz **-r,** Holzkreisel
Dillendötzje, s, Mz **-r,** Ohrfeige
Dina, s, Bernhardine, Gerhardine
ding, dein
Dinge, s, Mz **-r,** Ding
Dingsdaach, m, Dienstag
Dingskirche, m und s, Mz **-ns,** Bezeichnung für alles, worauf man sich nicht sofort besinnen kann
direktemang, gleich, sofort
Dirijeer, m, Führung, Leitung
direjeere, dirigieren, lenken
dis, dies
diserteere, desertieren
Disköösch, m, Mz **-e,** Besprechung, Unterhaltung
dismol, diesmal
dispekteerlich, achtungswidrig
disperat, verzweifelt
Disputeer, m, Wortwechsel
disputeere, streiten, Worte wechseln
distelleere, abziehen, brennen, destillieren
dit, dies
Ditche, s, Kleinigkeit
döffich, nebelig; duftig
doför, dafür

döfte und **dufte,** duften; nebeln; tauen
doheim, daheim
doher, daher
dohinger, dahinter, dahinten
dojäje, dagegen
dolde, dulden, gewähren lassen
Dolfes, m, Adolf
Doll, m und w, Mz **-e,** Verrückter
doll, verrückt
Döllche, s, Mz **-r,** Turmkrähe; kurzschnäbelige Taube mit roten Augenrändern; Ohrfeige
dolle, tollen, toben, wüten, ein flottes, leichtsinniges Leben führen
Dollerei, w, das Tollen
Dollheit, w, Mz **-heide,** Tollheit
Dollhuus, s, Mz **-hüser,** Irrenhaus
domet, damit
Domhär, m, Mz **-e,** Domkapitular
Domkrahn, m, Aufzugkran beim Kölner Dombau
domm, dumm
domols, do, dozomol, damals
Döneheck, w, Mz **-hegge,** Hecke von Dornbuschwerk
donevve, daneben
dönn, dünn
Dönndreß, m, Durchfall
dönne, Pflanzenbeete auslichten; auflängen, Getränke verdünnen
Donnerkiel, Donnerkeil
Donnerknespel, Donnerwetter; Ausruf des Schreckens oder der Verwunderung
Donnerletsch, Donnerwetter!
dönnlievich, dünnleibig, an Durchfall erkrankt
Dönnscheß, m, Durchfall
donoh, danach
dööchte, dünken
Dochter, w, Mz **Döchter,** Tochter
Doochterschkind, s, Mz **-er,** Enkel
Doochterschmann, m, Schwiegersohn
Doon, m, Mz **Döner,** Dorn

Door, w, Dauer
Döör, w, Mz **Dürre,** Tür
Door, Doorche, Dora, s, Dorothea
döörlich, dauerlich, ärmlich, dürftig
Doosch, m, Durst
dööschtich, durstig
Dopp, m, Mz **Döpp,** Holzkreisel; leeres Ei
Döppche, s, Mz **-r,** Töpfchen
Döppcheskicker, m, ein Mann, der sich eingehend um das Küchenwesen kümmert
Döppcheslecker, m, jemand, der die Gewohnheit hat, Speisereste von den Eßgeschirren abzulecken
Döppe, s, Topf; dummer Mensch, Tölpel
döppe, Hülsenfrüchte abdämpfen, Spiegeleier backen; Nietnagelköpfe schlagen
Döppenbäcker, m, Töpfer
Dor, w, Dauer
dör, teuer
doran, daran
Dörde, w, Teuerung
dore, dauern; bedauern
dorenn, darin
Dores, Döres, m, Theodor
dörve, dürfen
doröm und **dröm,** darum
dorop und **drop,** darauf
doropzo, daraufzu
Dörp, s, Mz **-er,** Dorf
Dörpche, s, Mz **-r,** Dörfchen
dorunger, da unten, darunter, dazwischen
dorus und **doruus,** daraus
dorüvver, darüber, gegenüber
Dos, w, Mz **-e,** Dose
dösich, stumpfsinnig, verwirrt
Döskopp, m, Mz **-köpp,** Schlafmütze
Dot, Dat, w, Mz **Dote, Date,** Tat
Dötsch, m, Dummkopf, tölpelhafter Mensch
Dotz, m, Mz **Dötz,** Beule; kleiner dicker Mensch
dötze, schlendern

dotzendwies, dutzendweise
dovör, davor
dovun, davon
dowidder, dagegen, dawider
dozomol, domols, damals
dozwesche, dazwischen
Draach, w, Mz **-te,** Tracht, Kleidung
Drachluhn, m, Mz **-lühn,** Tragelohn
Drajuner, m, Dragoner
dran, daran, dran
dränge, drängen, dringen
drängele, drängeln
drangsaleere, quälen, mit Bitten bestürmen
dranhalde, unaufhörlich tun
dranjon, darangehen
Drank, m, Getränk
Dränk, w, Mz **-e,** Tränke
dränke, tränken
drankrijje, überlisten
dranloße, heranlassen
Drauf, w, Mz **-e,** Traufe
Draum, m, Mz **Dräum,** Traum
dräume, träumen
Dreck, m, Schmutz; Kleinigkeit
Dreckfink, m und w, Mz **-e,** schmutzige Person
Dreckhammel, m, Mz **-hämmel,** schmutzige Person
dreckich, schmutzig
Dreckmann, m, Mz **-männer,** Straßenkehrer
Dreckmötz, w, Mz **-e,** Schmierfink
Dreckschwaat, w, Mz **-e,** schmutziger Mensch
Dreff, m, Trieb
dreftig, triftig
Dreierlingscher, Drillinge
Dreihäremeß, w, Mz **-messe,** Hochamt mit drei Priestern
dreit, zo -, zu dreien
dreite und **drette,** dritter, dritte
Dreitimp, m, Mz **-e,** altdeutscher Dreispitzhut
dreje, trügen
dren, drenn, drenne, drein, darin, darinnen, drinnen

drenhaue, dreinhauen, rasch und viel essen
Dresius, m, banger, feiger Mensch
Dreß, m, Durchfall, Exkremente, Furz; Kleinigkeit
dresseere, abrichten
Dresser, m, kleiner schmächtiger Junge; feiger Mensch
dressich, dreißig; ängstlich, feige
drette, dritter, dritte, drittes
Drev, m, Anregung, Lust, Neigung, Trieb
Drickes, m, Heinrich
drieße, Bauchwind lassen, Notdurft verrichten
Drießhüsje, s, Mz **-r,** Abtritt
Drießkäl, m, Mz **-s,** erbärmlicher, feiger Mensch
drieve, treiben
Driever, m, Treiber
Drievhus, s, Mz **-hüser,** Treibhaus
Drih, m, drehende Bewegung beim Gehen
Drihbrett, s, Mz **-bredder,** Drehbrett beim Glücksspiel
drihe, drehen, wenden
dringe, dringen
drinke, trinken
Droch, m, Trug
Drock, m, Druck
dröcke, drucken
Dröcker, m, Drucker; Blaufärber
dröcklich, gutmütig, zutraulich
Drohtnäl, m, Drahtnagel
Drohtsteff, m, Mz **-stefte,** Drahtstift
Drohtzang, w, Mz **-e,** Drahtzange
dröm und **doröm,** darum
Drömeröm, m, Anhang, Umgebung; Umschweife
drömeröm, drumherum
drömsin, verloren haben, verspielt haben
drop, darauf
dropan, draufan
dropanjon, darauf zugehen
Dropjänger, m, dreister, zum Raufen geneigter Mensch; Verschwender, Schürzenjäger
dropjon, draufgehen, sterben, hinfällig werden
dropjöcke, verschwenden

dropkumme, sich auf etwas besinnen
dropläje, drauflegen
dropmaache, verschwenden
Dropp, m, Mz **Dröpp,** Tropf
Dröppcheskrom, m, Mz **-kröm,** Wirtschaft; Apotheke
Droppe, m, **Dröppche,** s, Mz **-r,** Tropfen, Tröpfchen, ein Gläschen Schnaps
dropschlage, draufschlagen, zusetzen
dropschlappe, gute Kleidungsstücke rücksichtslos verderben, verschleißen
dropschlon, draufschlagen
dropsetze, draufsitzen; jemanden hinhalten, aufsetzen
dropzo, draufzu
dröv, trüb
dröve, trüben
drüch, trocken
Drüchleech, s, Mz **-ter,** trockener, einsilbiger Mensch
Drüchde, w, Trockenheit
Drück, Drückche, Draut, Drautche, s, Gertrud
drücksehn, dreizehn
drunger, darunter, da unten
Drunk, m, Schluck, Trunk
drus und **druus,** daraus, draus
Druv, m, Mz **-e,** Traube
drüvver, darüber, drüben
Dubbeditzje, s, Mz **-r,** kleines Kind; kleiner Finger
dubbel, doppelt
dubbeleere, verdoppeln
Dubbelkenn, w und s, Doppelkinn
düchdich, tüchtig
ducke, bücken, tauchen
dückele, sich schlafend oder fröstelnd anschmiegen
Duckmüser, m, Duckmäuser; Heimtücker
Dude, m, Toter
Dudejräver, m, Totengräber
Dudeklör, w, Leichenfarbe
Dudekopp, w, Mz **-köpp,** Totenkopf
Dudelad, w, Mz **-e,** Sarg, Totenlade
dudele, leiern, schlechte Musik machen

Dudemeß, w, Mz **-messe,** Totenmesse
Dudezeddel, m, Mz **-e,** Totenzettel
düe, tauen
Duffes, m, Mz **-e,** Taubenhaus
dügge, deuten
Dümche, s, Mz **-r,** Däumchen
Dume, m, Daumen
Dümeling, m, Mz **-e,** Däumeling
dummelich, betäubt, schlaftrunken, schwindelig
dump, dumpf
Dümpel, m, Mz **-e,** Tümpel
dumpich, dumpf
dun, tun
Duns, m, Mz **Düns,** Dunst
durchbrenge, durchbringen
durchbrenne, durchbrennen; weglaufen
durchdrevve, durchtrieben, heimtückisch, hinterlistig, raffiniert
durchdun, etwas zu verstehen geben, wissen lassen, mitteilen, hinterbringen
durchenander und **durchenein,** durcheinander
durchflutsche, durchgleiten, durchschlüpfen
durchjons, durchgehend
durchkrabbele, durchringen
durchkruffe, durchkriechen
Durchmarsch, m, Durchfall
durchschinge, durchscheinen
durchschlon, durchschlagen
durchschore, durchscheuern; prügeln
durchschwade, prügeln
durchwahßе, durchwachsen (beim Fleisch)
Durchzoch, m, Durchzug
Dürpel, m, Mz **-e,** Türschwelle
Dusel, m, trunkener Zustand; Glück
Düselche, s, Mz **-e,** kleines, zierliches Kind
Duseldeer, s, Mz **-e,** stumpfsinniger Mensch; jemand, der planlos arbeitet
dusele, schlummern; planlos arbeiten, schlendern
duselich und **düselich,** berauscht, betäubt, schwindelig

dut, tot
Dut, m, Tod
dutdeile, jemand beim Teilen leer ausgehen lassen
dutjon, erliegen, verenden, sterben
dutjot, herzensgut
dutmöd, totmüde
Dutsangs, w, Mz **-ängste,** Todesangst
dutschlage und **dutschlon,** totschlagen
Dutschläjer, m, Totschläger
Dütschverderver, m, Deutschverderber
dutsecher, todsicher (nachdrückliche Versicherung der Wahrheit)
düüster, düster, dunkel
Duv, w, Mz **-e,** Taube
Duvefloch, m, Mz **-flöch,** Taubenflug, Taubenschwarm
Duvejeck, m, Mz **-e,** Taubennarr
Duvekünning, m, Mz **-e,** begeisterter Taubenliebhaber
Düvel, Deuvel, Deuker, m, Mz **-e,** Teufel
düvele, schimpfen, schelten
Düvelsdreck, m, Teufelsdreck, ein Geringes
Duveschlach, m, Mz **-schläch,** Taubenhaus
Düx, Deutz

E

e, ein
ech, echt
Eck, w, Mz **-e,** Ecke, Winkel
eckesch und **eckersch,** nur, bloß
Eckschaaf, s, Mz **-schäfer,** Eckschrank
Ed, m, Eduard
effe, eben, einfach, einfarbig, glatt, gleich, schlicht
eh, ehe
Eh, w, Ehe
Ehekrütz, s, Mz **-er,** Not und Last des Ehestandes
Ehr und **Ihr,** w, Mz **-e,** Ehre
ehr, ihr
ehre und **ehren,** ihre und ihren
ehre, ehren
ehresjliche, ihresgleichen
ehrethalver, ihrethalben
ehretwäjen, ihretwegen
ehrze, Ihr zueinander sagen (Höflichkeitsform)
ehsch und **zoeesch,** erst, anfangs, vor allem
ehschte, erste, erster, erstes
ehschtens, erstens
ehter und **ehder,** eher, früher
ei, ein
Eichhoon, s, Mz **-hööner,** Eichhorn; rothaarige Person
Eidem und **Edem,** m, Mz **-e,** Schwiegersohn
Eierkopp, m, Mz **-köpp,** eiförmig gerundeter Schädel
Eierprumm, w, Mz **-e,** große gelbe Pflaume
eiersöffech, eifersüchtig
eije, eigen, sonderbar
eijedümplich, eigentümlich
Eijeheit, w, Mz **-e,** Eigenwilligkeit
Eijelov, n, Eigenlob
eijesennich, eigensinnig
eijentlich und **eintlich,** eigentlich
Eikall, m, Selbstgespräch
eikalle, mit sich selbst oder vor sich hin sprechen
eilätzich, einzeln, aus einem Glied bestehend, einfach

eimol, einmal
ein, ne, en, e, ein, eine
eine, einen, einigen
einfältich, einfältig
einfärvich, einfarbig
einijewäch, dennoch, gleichwohl, nichtsdestoweniger
einjöhrich, einjährig
einkennich, schüchtern, scheu
eins, einerlei, einig; ein und dasselbe
Einschlöfer, m, einschläferiges Bett
einswiele, einstweilen
eipässisch einsilbig, einseitig
ejebildt und **enjebildt,** eingebildet
ejedrüch und **enjedrüch,** eingetrocknet
Ejemahts und **Enjemahts,** s, Eingemachtes
Ejyptisch Rüsje, s, Mz **-r,** Reseda
elans und **lans,** vorbei, längs
Elferrot, m, Elferrat bei Karnevalssitzungen
Elsterauch, s, Mz **-e,** Hühnerauge
em, im
emaache und **enmaache,** einmachen
emfelle, empfehlen
Emfellung, w, Empfehlung
Emmer, m, Mz **-e,** Eimer
en, in
enä und **nä,** nein
enander, einander
Enband, m, Mz **-bänd** und **-bäng,** Einband
enbilde, einbilden
enbinge, einbinden
Enbleck, m, Einblick
Enbroch, m, Mz **-bröch,** Einbruch
enbrocke zusetzen, verlieren, jemand etwas Unangenehmes bereiten
endäue, eindrücken
endoch, doch; Ausruf der Abwehr oder Verwunderung, nachdrückliche Bekräftigung
Endraach, w, Einigkeit, Eintracht
Endrock, m, Mz **-dröck,** Eindruck

endrüjje, eintrocknen
endun, einlegen, auf Vorrat legen
endusele, einschlummern
ene und **ne,** einen
enenein und **enenander,** ineinander
enenge, einengen
Enerjie, w, Energie
enesufän, ensufän, esufän, insofern
enfäddeme, einfädeln
Enfaht, w, Mz **-e,** Einfahrt
Eng und **Engk,** s, Mz **Engde,** Ende
Eng und **Engde,** w, Bedrängnis, Enge, Engheit
Engeländer, m, verstellbarer Schraubenschlüssel
enjebildt und **ejebildt,** eingebildet
enjebraht, eingebracht
enjebunge, eingebunden
enjedaut und **ejedaut,** eingedrückt
enjedraht und **ejedraht,** eingetragen
enjedrevve und **ejedrevve,** eingetrieben
enjelaht und **ejelaht,** eingelegt
enjemaht und **ejemaht,** eingemacht
enjeschmeet und **ejeschmeet,** eingeschmiert
enjeschnedde und **ejeschnedde,** eingeschnitten
enjeschredde und **ejeschredde,** eingeschritten
enjeschrevve und **ejeschrevve,** eingeschrieben
enjeston und **ejeston,** eingestehen
enjetrocke und **ejetrocke,** eingezogen
enjetrodde und **ejetrodde,** eingetreten
enkrijje, (sich) einkriegen, beherrschen
Enkumme, s, Einkommen
enläje, einlegen
enlulle, einschläfern, einschlummern
enmummele, sich dick, warm kleiden, einhüllen
enne, innen; **- han,** begriffen und verstanden haben
ennich, innig
enötz, unnütz; **- maache,** sich beklagen, beschweren
enpenne, einschlafen
enquateere, einquartieren
ens, einmal, einst

ensacke, einstecken
Ensatz, m, Mz **-sätz,** Einsatz, Speisetragekorb; Gestell mit Pfeffer, Salz und Senf
enschlon, einschlagen
enschödde, einschütten
enschrabbe, zusammenscharren; wuchern
Enschreff, w, Mz **-schrefte,** Inschrift
enschrieve, einschreiben, eintragen, sich durch Unterschrift verpflichten
enseife, einseifen; übervorteilen
Ensin, s, Einsehen
enspireere, begeistern, beibringen, einflößen, eingeben, anregen
Ensproch, m, Mz **-spröch,** Einspruch
enstalleere, einrichten, ausstatten
Enstand, m, Mz **-ständ,** Einstand
ensteche, einstechen, einstecken
enstippe, eintunken
ensufän, insofern
ensuwick, insoweit
entätsche, anbiedern, eindrängen, beim Spiel, Essen, Trinken, Feiern nachträglich beteiligen
Entefott, w, Mz **-fött,** der Hintern einer Ente; etwas, das sich ständig bewegt
entjäje, entgegen
entrecke, einziehen
enwefän, inwiefern
enwendich, inwendig
Enwonner, m, Einwohner
Enzoch, m, Mz **-zöch,** Einzug
eraan, heran, herbei
eraf, herab, herunter, hinab
Erbel, w, Mz **-e,** Erdbeere
eren, herein
erfraut, erfreut
erfunge, erfunden
erhoot, erhört
erhovve, erhoben
erköhne, erkühnen, wagen

erkrijje, erholen
erläv, erlebt
erniddrije, erniedrigen, sich herabsetzen
eröm, herum
erop, herauf
erstecke, ersticken
erunder und **erunger,** herunter
erus und **eruus,** heraus
erüvver, herüber; vorbei
Ervdeil, s, Erbteil
erwitsche, erwischen
Eselsohr, s, Mz **-e,** umgebogene Ecke eines Buchblattes
Eßdöppe, s, Eßtopf
esu, so, also
et, es; das
Eu, m, Eugen
Ev, s, Eva
Everad, m, Eberhard
evve, eben
evvendröm, ebendarum
evvens, eben
evvensu und **evvesu,** ebenso
evvevil, ebensoviel, gleichviel, gleichgültig
evvewick, gleichweit
ewech, fort, auf Seite, hinweg
exerzeere, exerzieren
existeere, bestehen
Exküs, w, Entschuldigung, Vorwand
exküseere, entschuldigen
expideere, versenden
Explizeer, m, Auseinandersetzung, Wortstreit
explizeere, erklären; sich streiten
expree und **expreß,** absichtlich, ausdrücklich, eigens

F

Faach, s, Mz **Fäächer,** Fach, Gefach
Farr, w, Mz **-e,** Pfarre
Farrhär, m, Mz **-e,** Pfarrer
Farrschull, w, Mz **-e,** Volksschule im Pfarrbereich
Faas, w, Fastenzeit
Faasdach, m, Mz **-däch,** Fasttag
Faaß, s, Mz **Fäßer,** Faß
Fääßche und **Fäßche,** s, Mz **-r,** Fäßchen
faaste, fasten
Faastezick, w, Mz **-zigge,** Fastenzeit
Faaz, m, Servatius
Fäch, w, Mz **-e,** freche, herrschsüchtige Frau
Fächföör, s, Fegefeuer
Fächmetz, s, Mz **-er,** Stoßmesser
fackele, fackeln
Faddem, m, Mz **Fäddem,** Faden
Fäddemche, s, Mz **-r,** Fädchen
fäddeme, einfädeln
Fädenand, m, Ferdinand
fädich, fertig
Fähnche, s, Mz **-r,** Kleid aus dünnem, wertlosem Stoff
Fähr, w, Mz **-e,** Fähre
Fahrsching, m, Mz **-e,** kleiner Fahrschein
Faht, w, Mz **-e,** Fahrt
fäje, fegen
Fäjer, m, starker, rauflustiger Kerl
Fallsoch, w, Epilepsie
Familich, w, Familie
Familijeklüngel, m, Vetternwirtschaft
Fän und **Fände,** w, Ferne
fän, fern, weit
Fändel, s, Mz **-e,** Kirmesbanner; Taschentuch, das aus der Tasche hängt
Fänderich, m, Mz **-e,** Fähnrich; stattliche Frau
Fant, m, Mz **-e, Fäntche,** s, Mz **-r,** flatterhafter, leichtsinniger Bursche
Fantaß, m, Mz **-tasse,** Phantast

Farrekruck, s, Mz **-krügger,** Farnkraut
Färv, w, Mz **-e,** Farbe
Färvdöppe, s, Farbtopf
färve, färben; mit lügenhafter Ausschmückung erzählen
faß, fest
Fasteleer und **Fastelovend,** m, Fastnacht, Karneval
Fau, m, Mz **-e,** Pfau
Fäuzje, s, Mz **-r,** etwas Geringes, eine Kleinigkeit
Fazung, s, Form, Gestalt
fazünglich, anständig, hübsch, niedlich, manierlich
Feber, s, Mz **-e,** Fieber
Fedder, w, Mz **-e,** Feder
feddere, federn, elastisch sein
Fedderfuchser, m, Schreiber, Schreiberling
fedderleich, federleicht
Fedderveh, s, Federvieh
Feer, w, Feier
feere, feiern
Feesch, w, Mz **-de,** Dachrücken, First
Feez, m, Spaß, Unfug
Fei, s, Sophie
Feldblom, w, Mz **-e,** Feldblumen
Feldche, s, Mz **-r,** kleines Gartenbeet
Feldduv, w, Mz **-e,** Feldtaube
Feldschlot, m, Feldsalat
Fellieser, s, Mz **-e,** Felleisen, Reisesack
Felz, m, Filz
felzich, filzig; geizig, trocken
Ferke und **Firke,** s, Ferkel
Ferkeserei, w, Mz **-e,** Gemeinheit, Sauerei, schmutzige Geschichte
Ferkeskopp, m, Mz **-köpp,** Schweinskopf (Schimpfwort)
ferm, fest, mutig, standhaft
Fesch, m, Mz **-e,** Fisch
Feschblos, w, Mz **-e,** Fischblase
Feschkaar und **-kaasch,** w, Mz **-e,** Fischbehälter
Feß, s, Mz **Feste,** Fest
Festivität, w, Mz **-e,** Festlichkeit
Fettspektakel, s, große Fettmenge; sehr dicker Mensch

Fetz, m, Mz **-e,** flegelhafter Junge
feukele, herzen, liebkosen, verhätscheln, verwöhnen
fex, fix
fexeere, drücken, bedrängen, plagen, quälen
Fickfacktätche, s, Mz **-r,** Kleinigkeit, nutzloser Gegenstand als Zierrat
fiddele, fiedeln; kleine Stücke abschneiden
Fiduuz, m, Neigung, Lust zu etwas
Fiel, w, Mz **-e,** Feile
fiele, feilen
Fielspien, m, Feilspan
Fien, s, Josephine
fies, ekelhaft, widrig
Fijor, w, Mz **-e,** Figur
Filu, m, Mz **-s,** Heimtücker
filuisch, heimtückisch
Fimm, w, Mz **-e,** Ohrfeige
fimme, ohrfeigen
Fimmel, m, Sparren; Spleen
fimmele, faseln, träumen, Unsinn reden
fimpschich, übelriechend, angefault
fing, fein
finge, finden
Finnekicker, m, Viehbeschauer; jemand, der alles ängstlich, gründlich, vorsichtig besieht
Finster, s und w, Mz **-e,** Fenster
Finsterkrütz, s, Mz **-e,** Fensterkreuz
Finsterledder, s, Fensterleder
Fippche, s, Mz **-r,** leichtsinnige, lüsterne Frau
fippich, lüstern, auffallend angezogen; schnippisch
Firmbengel, m, Mz **-e,** Stirnband, das Kinder früher am Tage der Firmung trugen; Ohrfeige
firmbengele, ohrfeigen
Fisel, m, Mz **-e,** Fetzen, Kleinigkeit, Stückchen
fisele, nieseln, staubartig schneien
Fisematentche, s, Mz **-r,** Förmlichkeiten, Umschweif
fispele, lispeln
Fisternöll, m, Kleinarbeit; heimliches Getue
Fitschbunn, w, Mz **-e,** Schnippelbohne

fitsche, schnippeln
Fitzje, s, Mz **-r,** Kleinigkeit
fixeere, festsetzen, bestimmen, scharf anblicken
Fixfaxerei, w, Mz **-e,** Kleinigkeit, Tändelei, Vorspiegelungen, wertlose Gegenstände, Windbeutelei
flaach, flach
Flääch, w, Mz **-te,** Haarflechte
fläächte, flechten
Flaas, m, Flachs
Flaaskopp, m, Mz **-köpp,** Blondschopf
Flaaster, w, Mz **-e,** flatterhafte Frau
flaastere, flattern, unbeholfen fliegen; ohrfeigen
Flabbes, m, Mz **-e,** läppischer, närrischer Mensch
Flabbeserei, w, Mz **-e,** Narrheit, dummes Zeug
Flabes, m, Mz **-se,** Gesicht, Schleier, Maske
Flach, w, Mz **-e,** Anfall von Verrücktheit, böse Laune; guter Einfall, Scherz, Witz
Fläch, w, Pflege
fladdere, flattern, schwätzen
Flade, m, flacher Kirmeskuchen mit Obstmus
Flader, m, Mz **-e,** Kothaufen vom Rindvieh
Fladermuus, w, Mz **-müs,** Fledermaus
fläje, pflegen
Fläjel, m, Mz **-e,** Flegel
Flakung, s, Mz **-s,** Riechfläschchen
flaneere, bummeln, faulenzen, tändeln
flank und **flankwech,** offen, rücksichtslos, freiweg
flankeere, schlendern, umherschweifen
Flanz, w, Mz **-e,** Pflanze
Flänzje, s, Mz **-r,** Pflänzchen; leichtsinniger, leichtlebiger Mensch
Flapp, m, Mz **-e,** leichte Ohrfeige
flappe, mit der flachen Hand leicht schlagen
Flappohr, s, Mz **-e,** außergewöhnlich langes Ohr; läppischer Mensch
Fläsch, w, Mz **-e,** Flasche
Fläschewing, m, Flaschenwein, Markenwein
Flatsch, w, Mz **-e,** weiche Masse, Vergossenes
flatsche, klatschend fallen; schwätzen

flätsche, schießen
Flatschmul, s, Mz **-müler,** Schwatzmaul
flau, ohnmächtig
Fleech, w, Mz **-e,** Fliege; liederlicher Mensch
Fleere, m, Flieder
fleeße, fließen
Fleischhäuer, m, Fleischer, Metzger
fleje, fliegen
Flejel, m, Mz **-e,** Flegel, Lümmel
Fleut, w, Mz **-e,** Flöte
fleute, flöten, pfeifen; **-jon,** verlorengehen
Fleutekies, m, Quark
Fleutemann, m, Pfeifer, Flötist
Flisch, w, Mz **-te,** Pflicht
Fließ, w, Fleiß
fließich, fleißig
Flitsch, w, Mz **-e, Flitschje,** s, Mz **-r,** Dirne, leichtsinniges Mädchen
Flitschboge, m, Pfeilbogen
flitsche, abschnellen, gleiten
Floch, m, Mz **Flöch,** Fluch; Flug; Vogelschwarm
floche, fluchen
flöck, behende, rasch, schnell
Flöjel, m, Mz **-e,** Flügel
Flönz, w, Blutwurst
Flöpp, m, Mz **-e,** gutmütiger, unselbständiger Mensch
flöppe, rauchen
Flor, w, Mz **-e,** Flur; Blüte, Blütenpracht
Flor, m, Mz **-e,** Schleierstoff, Trauerband
Flör, m, Florian
floreere, florieren, blühen
Floß, m, Mz **Flöß,** Fluß
flöstere, flüstern
flott, schnell
Flüchop, m, schnell gereizter, lebhafter, auch leichtsinniger Mensch
fluddere, flattern, wehen, verscheuchen
fludderich, zerfetzt, zerlumpt
Fluh, w, Mz **Flüh,** Floh

fluhe, Flöhe fangen, stehlen, wegnehmen
Fluhpolver, s, Insektenpulver
flunkere, glänzen, vorspiegeln, jemandem etwas aufbinden; mit Ausschmückungen erzählen
Flüppche, s, Mz **-r,** leichtfertiges Mädchen
fluppe, glücken, flott von der Hand gehen
flutsche, gleiten, durchschlüpfen
flutschich, glitschig, schlüpfrig
Fluum, m, Flaum, flaumiges Barthaar
Fluusch, m, Flausch
Fluz, w, Mz **-e,** Floß
Flüzje, s, Mz **-r,** Wollflocke
fluze, flößen
Fluzeholz, s, Floß-Stammholz
foche, wehen, Feuer anblasen
foddere, betteln, fordern
Fodderung, w, Mz **-e,** Forderung
Foder, s, Fuder, etwa 1000 Liter enthalt. Weinfaß
Foder, s, Futter
fodere und **födere,** futtern, füttern
föhle, fühlen
Föhn, m, Mz **-e,** durchtriebener Mensch
Fohr, w, Mz **-e,** Fuhre
föhre, führen
Fohrkar, w, Mz **-e,** Fuhrwerk
Fohrluhn, m, Mz **-lühn,** Fuhrlohn
Fohrmann, m, Mz **-lück,** Fuhrmann
föje, fügen, fugen
Föll, w, Fülle
fölle, füllen
Föllsel, s, Füllsel
Fooch und **Foor,** w, Mz **-e,** Furche
fööch, feucht
fööchte, befeuchten
Fööchtichkeit, w, Mz **-e,** Feuchtigkeit
Föösch, m, Mz **-te,** Fürst
Foosch, m, Mz **-te,** Busch, Forst, Wald
foosch, handfest, kräftig, kerngesund, stark
Fööschter, m, Förster

Föppche, s, Lieblingskind
för, für
För, s, Feuer
Förbett, w, Mz **-bedde,** Fürbitte
förich, feurig
Fork und **Furk,** w, Mz **-e,** zweizinkige Heugabel
förleev, fürlieb
Förpott, m, Mz **-pött,** Kochkessel; Hitzkopf
förrut, feuerrot
Försproch, w, Fürsprache
Förzüch, s, Feuerzeug, Streichhölzer
Foßengk, s, Fußende
Foßfall, m, Mz **-fäll,** Fußfall, Kniefall
Fößje, s, Mz **-r,** Füßchen
Foßpatt, m, Mz **-e,** Fußpfad
Foßtappe, m, Fußstapfen
fott, fort
Fott, w, Mz **Fött,** Hintern
Föttche, s, Mz **-r,** kleiner Hintern
Föttchesföhler, m, jemand, der andere betätschelt
fottdun, wegbringen, weglegen
fottfusche, fortschleichen
Fottkamesölche, s, Mz **-r,** kurze Jacke, Joppe
Fraach, w, Mz **-te,** Fracht
Frängel, m, Mz **-e,** dicker Knüppel; kräftiger Mann
frassele, überarbeiten, ohne Plan arbeiten, raufen
Frasselei, w, Mz **-e,** schwere, rastlose Arbeit
Fratz, m, Mz **-e,** muskulös gebauter Mensch; freche, ungezogene Person
fratzich, frech, ungezogen
Fraulück, Mz, Frauenzimmer
Frauminsch, s, Mz **-er,** gemeine Frau
Frechsack, m, Mz **-säck,** freche Person
frecke, verrecken
freere, frieren
Freese, s, kaltes Fieber; abscheulicher Mensch
Freieraasch, w, Mz **-e,** Freierei, Liebesverhältnis
Freiersche, w, Geliebte
freimödich, freimütig

fremb, fremd
Frembche, s, Mz **-r,** Fremde; unbekannte Dirne; Taube, die sich auf einem fremden Taubenschlag niederläßt
frembjon, vorbeigehen; in der Ehe untreu sein
Freme, m, Pfriem
fresch, frisch
freschop, frischauf
freschwech, dreist, freiweg, ohne Umschweife
Freß, w, Mz **Fresse,** Maul
Freßklötsch, m, Fresser (nach einem als Fresser bekannten Kölner namens Klütsch)
Fridde, m, Frieden
Friedach, m, Freitag
Friedel, m, Fridolin
Friedes, m, Friedrich, Gottfried
Frikadell, w, Mz **-e,** gebratener Hackfleischkloß
frikasseere, frikassieren; züchtigen; zurechtsetzen
frimmele, zerreiben
friseere, frisieren
Frisör, m, Mz **-e,** Friseur
Frisös, w, Mz **-e,** Friseuse
Froch, w, Mz **-e,** Frage
froge, fragen
fröh, früh
Fröhchte und **Fröhde,** w, Frühe
Fröhling, m, Frühling
Fröhmeß, w, Mz **-messe,** Frühmesse
fröhter, früher
Frooch, w, Frucht, Getreide
Froß, m, Mz **Fröß,** Frost; Fraß, vulgär: Essen
Frößel, m, große Wühlerei, viel Arbeit
frößele, wühlen, rastlos arbeiten
fruh, froh
Fruhsenn, m, Frohsinn
Fründ, m, Mz **-e,** Freund
fründ, freundlich gesonnen
fründlich, freundlich
Fründschaff, w, Mz **-schafte,** Freundschaft; vertrauliche Anrede

Fründschaffsstöck, s, Mz **-er,** Liebesdienst; Schabernack
Fubbelsmatant, w, Mz **-e,** schlampiges Frauenzimmer
Fuck, m, Talent, natürliche Anlage
fucke und **fumpe,** gelingen, geraten, nach Wunsch gehen; schnell und geschickt arbeiten
Fuddel, m, Mz **-e,** Lappen, Lumpen
fuddelich, dünn, lose, nachlässig
Fudderasch, w, Futter, Essensware, Mahlzeit
fuffzehn, fünfzehn
fuffzich, fünfzig
fukakich, faul, im Sinne von angefault, namentlich bei Kernobst
fummele, betasten; an Kleinigkeiten arbeiten
Fünf, w, Mz **-e,** ein V-ähnlicher Riß in Kleidern
Fungk, m, Fund
Funk, m, Mz **-e,** altkölnischer Stadtsoldat, so benannt nach den elf Flammenfunken im Stadtwappen
fuppdich, rasch, auf einmal, plötzlich
fuppe, hüpfen, schnellend bewegen, sehr schnell nähen, indem man mehrere Stiche zugleich auf die Nadel nimmt, ehe man den Faden durchzieht
Furasch, w, Futter
Furch, w, Furcht
Furch, w, Mz **-e,** Ackerfurche
fusche, pfuschen
Fusel, m, schlechter Branntwein
Fusel, m, Mz **-e,** Tuchfaser
fusele, fasern, sich abfasern
fuselich, gefasert, zerfetzt
Fuss, m, Mz **Füss,** Fuchs, Rothaariger
fusse, fuchsig
fussich, fuchsfarbig, rötlich; vergilbt, verschossen
Fusskopp, m, Mz **-köpp,** Rothaariger
futsch, verschwunden, weg, tot
futü, verloren, fort
Futz, m, Mz **Fütz,** (hörbarer) Furz
futze, furzen, einen Bauchwind lassen
Futzkamesol, s, Mz **-e,** kurze Jacke

fuul, faul
Fuulenzer, m, Faulenzer
Fuus, w, Mz **Füüs,** Faust
fuusdeck, faustdick
Füüsje, s, Mz **-r,** Fäustchen
Fuuspand, s, Mz **-pänder,** Faustpfand
fuutele, betrügen, falsch spielen, pfuschen

G

Die Ablösung des Anlaut-g durch ein j ist in der Einleitung auf Seite 9 begründet und erläutert. In dieser Rubrik stehen also diejenigen Wörter, die in der hochdeutschen Form mit einem g beginnen, während unter J alle Stichwörter aufgeführt sind, die auch in der Schriftsprache ein j als Anlaut haben.

Jaan, s, Garn
Jääsch, w, Gerste
Jääschtesärk, m, Mz **-e,** Gersteneinweichtrog
Jabb, m, Gabriel
Jabbeck, m, Mz **-e,** Gaffer; Kopf an Uhren, der beim Uhrenschlag den Mund bewegt
Jädcheskrätzer, m, Gartenhilfsarbeiter
Jadderob, w, Mz **-e,** Garderobe
Jade, m, Mz **Jäde,** Garten
Jadepözje, w, Mz **-r,** Gartentörchen
Jader, w, Mz **-e,** Gatter
Jading, w, Mz **-e,** Gardine
Jadingeprädich, w, Mz **-dije,** Gardinenpredigt
Jaffel, w, Mz **-e,** Gabel; Innung, Zunft
Jährbütt, w, Mz **-büdde,** Gärbottich
jäje, gegen
Jäjend, w, Mz **-e,** Gegend
jäjenüvver, gegenüber
Jäjepaar, s, Mz **-e,** Gegenstück, Seitenstück
jäl, gelb
jäle, durch Sticheleien ärgern, foppen
Jälfärv, w, Gelbsucht
Jalje, m, Galgen
Jaljemolzick, w, Mz **-zigge,** Henkersmahl
Jaljestropp, m, Mz **-ströpp,** Galgenstrick; Taugenichts; Tunichtgut
jän, lieb, gern
jäng, flink, rasch, schnell
Jang, m, Mz **Jäng,** Gang, Haus- und Zimmerflur; **zo – maache** in Gang bringen

jängele, langsam spazieren; Kinder gehen lehren; einen schweren Gegenstand hochkantelnd fortbewegen
Jans, w, Mz **Jäns,** Gans
Jänsehuck, w, Gänsehaut
Jänsje, s, Mz **-r,** kleine Gans; Klickerspiel
jappe, gaffen, gähnen, klaffen, offenstehen
jappsche, nach Luft schnappen
jar, gar
järe, gären
jarneere, garnieren, verzieren, umlegen
Jarv, w, Mz **-e,** Garbe
jaschtich, garstig, häßlich, unartig, unschmackhaft
Jasleech, s, Mz **-ter,** Gaslicht
Jaß, m, Mz **Jäß,** Gast
Jaß, w, Mz **Jasse,** Gasse
jasteere, gastieren, Gastrollen geben; zechen
Jät, w, Mz **Jäde,** Gerte
jatz, bitter, herb; zu teuer
jäuschele, höhnen, schikanieren
jav, w, Mz **-e,** Gabe
jeaat, geartet
Jebäcks, s, Gebäck
Jebälks, s, Holzgebälk; wirres Geschrei
Jebätsch, s, Geschwätz
Jebeiersch, s, Kirmesläuten, öftere Wiederholung von etwas Gesagtem
Jebeß, s, Mz **-besse,** Gebiß
Jebett, s, Mz **-bedder,** Gebet
Jebettboch, s, Mz **-böcher,** Gebetbuch; Kartenspiel
Jebimmels, s, Geläute mit kleinen Glocken
jeblömb, geblümt
Jeblöms, s, geblümtes Zeug
Jeblöts, s, Geblüt
jeböd, gebördet
Jeböds, s, Bandeinfassung
Jeböhr, w, Mz **-e,** Anteil, Gebühr, Genüge, Pflichtteil, Verbindlichkeit, Zukommnis
jeböhre, gebühren
Jebolldersch, s, Geräusch, Getöse

Jebommels, s, herunterhängender Zierrat
Jeboot, w, Mz **-e,** Geburt
jebötich, gebürtig
Jebott, s, Mz **-e,** Gebot, Befehl, Angebot
Jebrässels, s, alter Hausrat
Jebrölls, s, Gebrüll
Jebrots, s, Mz **-e,** Gebratenes, Braten
Jebrötsch, s, fortwährendes Braten
Jebruch, m, Mz **-bröch,** Gebrauch
Jebruddels, s, Fehlstiche beim Stricken; Verwirrung
Jebrumms, s, Gebrumme, Schelte
Jebubbels, s, Geschwätz
Jebüngche, s, Mz **-r,** Gebund, Bündel
Jebünn, s, Mz **-e,** Holzbedielung
Jebütz, s, Küsserei
jeck, verrückt, närrisch
Jeck, m, Mz **-e,** Narr
Jeckespill, s, närrisches Treiben
jeckich, ein bißchen jeck
Jedankeschaaf, s, Gedankenschrank, Kopf
Jedeech, s, Mz **-te,** Gedicht
Jedeersch, s, Getier
Jedings, s, Allerlei
Jedoktersch, s, fortwährende ärztliche Behandlung
Jedold, w, Geduld
jedöldich, geduldig
Jedöns, s, Getue, Lärm, Umstände
jedore, abwarten, aushalten, behaglich fühlen, gedulden, leiden, mögen
Jedraach, s, eine zum Tragen abgepaßte Last
Jedräng und **Jedrängs,** s, Gedränge
Jedränk und **Jedränks,** s, Mz **–e,** Getränk
jedraump, geträumt
jedraut, gedroht
Jedresse, s, Menschen- und Tierkot
Jedröcks, s, bedrucktes Gewebe, gedruckte Schrift
jedrüch, getrocknet
Jedudels, s, Geleier, Dudelei
Jeesch, w, Gischt

jeeint, geeinigt
jeerich, gierig, habsüchtig
Jeeß, w, Mz **-e,** Gießkanne
jeeße, gießen
Jefähr, s, Mz **-e,** Fuhrwerk
Jeff, s, Mz **-te,** Gift
Jefisels, s, feiner Schnee und Staubregen
Jefispels, s, Geflüster
Jeflaastersch, s, Geflatter
Jefladdersch, s, Geflatter; Geschwätz
jeflämmp, geflämmt; Stoff mit flammenartigem Muster
jeflapp, launig, nicht recht gescheit, verrückt
Jeflatsch, s, Gerede, Geschwätz
Jeflunkersch, s, Großtuerei, Vorspiegelung
Jefräß, s, schlechtes Essen; Maul
Jefrecks, s, Fleischabfälle
jeftich, böse, giftig
Jefusels, s, faserige Gewebeteile
Jehacks, s, gehacktes Fleisch
Jehaggels, s, Gezänk; unordentlich geschnittenes Tuch
Jeheen und **Jeheens,** s, Gehirn
Jeheimniskriemer, s, Geheimniskrämer
Jeheisch, s, Befehl, Geheiß
jehimmelt, gestorben, zerstört
Jehöpps, s, Gehüpfe
jehöre, gehören
Jehorks, s, schleimiger Auswurf
jehört, enthaart
jehück, gehäutet
Jehuddels, s, fehlerhafte Arbeit
Jeis, m, Mz **-ter,** Geist
Jeiß, w, Mz **-e,** Ziege
Jeißtenbaat, m, Mz **-bät,** Ziegenbart; Knebelbart
Jeißtestätz, m, Mz **-e,** Ziegenschwanz
Jeisterkicker, m, Geisterseher
jejädt, gejätet
Jejiefels, s, Gekicher
Jejöcks, s, Gejucke
Jejömersch, s, Gejammer, Gestöhne, Gewimmer

Jejraus, s, anhaltendes Weinen
Jejrümmels, s, kleine Brotkrumen
Jejrumps, s, Vorwürfe, Zurechtweisungen
Jejujax, s, Vergnügen mit lautem Freudengeschrei
Jejunkersch, s, Geheul, Gewinsel, klägliches Bellen
Jejuz, s, Gejauchze
Jekächs, s, Gekeuche
Jekacks, s, Exkremente
Jekakels, s, Gegacker
Jekaresseesch, s, Liebelei
Jekievs, s, Gekeife
Jekläbbels, s, Schmutz von Straßenkot an den Kanten der Kleidungsstücke
jeklemmp, gestohlen
Jeklepp, s, Anschlag mit dem Klöppel an der Glocke
Jeknäbbels, s, Zänkerei
Jeknachs, s, Knochen abnagen; beständiges Klagen
Jeknibbels, s, Nagen an feinem Gebäck; feine Arbeit
Jeknöchs, s, Kleinfleisch mit vielen Knochen; verdrießliches Gemurmel
Jeknooschs, s, knorpeliges Fleisch
Jeknottersch, s, brummiges Schelten, Vorwürfe
Jeknuutsch, s, Drücken, derbe Liebkosung
Jeköch und **Jeköchs,** s, (schlecht) Gekochtes
Jekökels, s, Gegacker
Jekrabbels und **Jekrabels,** s, Gekrieche; Insekten; Kitzeln; schlechte, unleserliche Schrift
Jekribbels, s, nervöses Jucken; unleserliche Schrift
Jekriesch, s, Gekreische
Jekrih, s, Gekrähe, (schrilles) Geschrei
jekrimp, eingelaufen, zusammengezogen
jekroffe, gekrochen
jekrömmp, gekrümmt
jekromp, gekramt
Jekros, s, Durcheinander, ein Haufen Arbeit
Jekrünkels, s, Zerknittertes, Verknittertes
Jekrüsels, s, Eingekräuseltes, Krause
Jekühms, s, Gejammer, Gestöhne
Jekusels, s, unordentliche, unsaubere Küchenarbeit

Jeläch, s, Gelage, Sippschaft
jeläje, gelegen
Jeläufs, s, Gerenne, Laufen
jelde, gelten
Jeldsching, m, Banknote
Jeldspill, s, Menge Geld
jeleck, geleckt; blitzsauber
Jelecks, s, Gelecke; übermäßiges Küssen
Jeleits, s, Geleite
jelestich, listig
jeliemp geleimt; angeführt
Jelies, s, Mz **-e,** Geleise; die gewohnte Bahn
jelivvert, geliefert; verloren
Jeloch, s, Gelage, Lärm
jelöcke, glücken
Jelöß, s, Mz **-löste,** Gelüst, Begierde
jelöste, gelüsten
jelovve, geloben
jelt? nicht wahr?
jelück, geläutet
Jelücks, s, Geläute
jemaach, bequem, gemach
Jemaach, s, Mz **-mächer,** Gemach
Jemaach und **Jemächs,** s, Geschlechtsteile, Magengrube
jemaß, gemästet
Jematsch, s, Vermengen von Getränken und Speisen
Jemaus, s, Miauen
jemöff, gestunken
Jemölsch, s, Gemisch
Jemöörsch, s, Gemäuer
Jemös, s, Gemüse
Jemöskump, w, Mz **-e,** Gemüseschüssel
jemot, gestimmt, gelaunt
Jemöt, s, Gemüt
jemötlich, gemütlich
Jemötskoller, s, Melancholie
Jemummel, s, Gemurmel, leises, heimliches Gespräch
Jenaggels, s, Gezänk
jenas, bekrittelt

jeneeße, genießen
jenöchlich, behaglich, vergnügt, zufrieden
jenöje, genügen
jenooch, genug
Jenoß, m, Mz **-nöß,** Genuß
Jenöttels, s, mürrisches Gebrumme, Widerrede
Jenüsels, s, Kleinigkeiten, Speisereste, Überbleibsel
Jeödersch, s, Geäder
jepeffe, gepfiffen; gelegen, willkommen
Jepiepsch, s, eintöniges Pfeifen, besonders von jungen Vögeln und Mäusen
jeplant und **jeplanz,** gepflanzt
Jeplätsch, s, Geplatsche
Jeplудersch, s, Geplauder
Jepölversch, s, fortwährendes Einnehmen von Arznei
Jepötts, s, anhaltendes Trinken
Jepöz, s, anhaltendes Öffnen und Schließen der Türen
jeprämmp, festgeschnürt, vollgestopft
Jepreckels, s, Gekitzel
Jepröttels, s, anhaltendes Schelten, Zurechtweisen
jepupp, hörbar gefurzt
Jequaatsch, s, Klagen über geringe Schmerzen
Jequatsch, s, leeres Geschwätz
Jequiddels, s, unverständliches Gerede
Jerappels, s, Geräusch
jeräump und **jerümp,** geräumt, gereinigt
jeraut, gereut
Jerdrück, s, Gertrud
Jereech, s, Mz **-te,** Gericht
Jerempels, s, wertloser Hausrat
Jeremsch, s, Mz **-e,** Gerippe; magere, knochige Person
jerepp, bewegt; gerippt, gestreift
jeresse, gerissen, schlau
jerevve, gerieben; durchtrieben
Jeriffels, s, ausgezupftes Zeug
Jeroch, m, Mz **-röch,** Geruch
jerode, geraten, glücken
Jerölz, s, fröhliche Balgerei, Tummelei
Jeros, s, Balgerei, Gerase, Spektakel

Jeröß, s, Mz **-röste,** Baugerüst
jeröß, gerüstet
Jeruffels, s, Rauferei
jerümich, geräumig
Jerummels, s, Lärm, Gepolter, Getöse, Rumoren
Jerümpels, s, alter Plunder
jeründ, gerundet
Jeruusch und **Jerüsch,** s, Gesumme, Getöse, Geräusch
jerve, gerben; prügeln; sich übergeben
Jerver, m, Gerber
jesamp, gesamt, zusammen
jesänt, gesegnet
Jesäß, s, Mz **-e,** Sitzfläche, Hintern
jesatz, gesetzt; gedrungen, untersetzt
jesäump, gesäumt
Jeschäffslück, Geschäftsleute, Kaufleute
jeschamp, geschämt
jeschandt, geschimpft
Jeschängs, s, Geschimpfe, Zurechtweisung
Jeschärr, s, Geschirr und Werkzeug jeder Art
Jeschlääch, s, Mz **-ter,** Geschlecht
Jeschläbbersch und **Jeschläpps,** s, dünne Brühe
Jeschlämps, s, schlechte Suppe
Jeschlingks und **Jeschlünks,** s, Tierschlund mit Lunge, Herz und Leber
jeschloche, erschlichen
Jeschlottersch, s, Schlottern einer weichen Masse in einem Behälter
Jeschluddersch, s, Weichteile von Fisch und Fleisch
Jeschmuddels, unappetitliches Gemisch
jeschmüggich, geschmeidig
Jeschnaks, s, harmloser Scherz
Jeschniffels, s, feiner Regen und Schnee
Jeschnörkels und **Jeschnurkels,** s, Schnörkelei
Jeschnorks, s, Geschnarche
Jeschnuddels, s, Nasenschleim
Jeschnupps, s, Näscherei, Naschwerk
Jeschnüsels, s, anhaltendes Küssen
Jeschräppels, s, unansehnlicher Kleinkram, Abfälle

Jeschratels, s, lautes, verworrenes Geschwätz
Jeschrevs, s, Geschriebenes
Jeschüngels, s, kleine Betrügerei
Jeschurvels, s, hörbares Schieben oder Rutschen über einen Gegenstand
jeschwijje, geschweige
Jeschwols, s, Geschwulst
Jeschwör, s, Geschwür
Jeseech, s, Mz **-ter,** Gesicht, Maske
jesennt, gesinnt, gesonnen
Jesocks, s, Gesindel
Jesöff und **Jesöffs,** s, Getränke, Sauferei
Jesöms, s, allerlei Durcheinander, eine Menge kleiner Kinder; kleine Weißfischchen
Jespann, s, Gespann; Ehepaar
jespaut, gespuckt
Jespeis, s, Spucke
Jespens, s, Mz **-te,** Gespenst
jesplesse, gesplissen
jespodt, gesputet
Jespoks, s, Gespuke
Jespöls, s, Spülicht, Abfälle
jespoolt, gespült
jespoot, gespürt
Jesprattels, s, Zappelei
jestief, gesteift, gestärkt
jeston, gestehen, schuldig bekennen
jestraut, gestreut
Jestreusel, s, Blumen und Laub zum Streuen bei Prozessionen
Jestrüch, s, Gesträuch
jestunkc un jeloge, erstunken und erlogen, verabscheuungswürdig gelogen
Jestuvs, s, geschmorte Speise
Jesumms, s, Gesumme; Aufheben
jesüümp, gesäumt
Jetiftels, s, Klüngelei, Geduld erfordernde, langsame, umständliche Arbeit
Jeträntels, s, Verzögerung

Jetrippels, s, Fußgeräusch
jetrus, getrost
Jeuuz, s, Fopperei
jeveedelt, geviertelt
jevve, geben
Jevver, m, Geber
jewäde, gewähren
jewädich, gewärtig
Jewaggels, s, Gewackele
Jewärmps, s, Aufgewärmtes
Jewaschels, s, undeutliches, unverständliches Gerede
Jewatt, s, gewohnte Lebensweise und Tätigkeit
jewäv, gewebt
Jewävs, s, Gewebe
Jewedder, s, Gewitter
Jewedderschor, w, Mz **-e,** Gewitterschauer
Jeweesch, s, Mz **-ter,** Gewicht
jewellt, gewillt
Jewende, w, Gewohnheit
Jewenn, m, Mz **-e,** Gewinn
jewenne, gewinnen; gewöhnen
jewerre, gewähren
Jewerv, s, Mz **-e,** Gewerbe
jewetz, gewitzt, schlau
jewieß, weiß getüncht
jewiev, gescheit, geweckt
Jewings, s, Aufziehvorrichtung
jewipp, hinausgeworfen, geschleudert
Jewipps, s, Schaukelei
Jewirks, s, gewirktes Zeug
jewölk, bewölkt
Jewölv, s, Gewölbe
jewonnt, gewohnt
jewooschtelt, schlecht ausgeführt
Jewööz, s, Gewürz
Jezänks, s, Zankerei
Jezöbbels, s, herabhängende Kleiderlappen
Jezölversch, s, langsames, ungeschicktes Essen und Trinken, bei dem man sich beschüttet und beschmutzt

Jick, w, Mz **-e,** zweiräderiger, offener Wagen
jiefele, kichern, versteckt lachen
Jiefeler, m, ständig kichernde Person
Jiefelsmul, w, Lachmaul
Jiefer, Eifer, Geifer
Jierbröck, w, Mz **-brögge,** fliegende Brücke
Jing, w, Mz **-e,** Ohrfeige; Kindermütze
Jipsch, m, Gips
jipse, gipsen
Jirjun, m, Gereon
Jitsch, m, Mz **-e,** Spritze; Guß
jitsche, spritzen
Jitta, w, Mz **-s,** Gitarre
Jivvel, m, Mz **-e,** Giebel
jlaserich, glasartig (bei Kartoffeln)
Jlasschaaf, s, Mz **-schäfer,** Glasschrank
Jlauve, m, Glauben
jläuve, glauben
jlich, gleich, sofort
jliche, gleichen
jlicherzick, gleichzeitig
jlichvill, gleichviel; gleichgültig
jlichziggich, gleichzeitig
Jlid, s, Mz **-der,** Glied
Jlidderpopp, w, Mz **-e,** Gliederpuppe
jlimplich, glimpflich
Jlöck, s, Glück
jlöcke, glücken
jlöcksillich, glückselig
jlödich und **jlöndich,** glühend
jlöhe, glühen
Jlot, w, Mz **-e,** Glut
Jnick, s, Genick
jöbbele, sich erbrechen
Jöckpolver, s, Juckpulver
Joddesdeens, m, Mz **-te,** Gottesdienst
Joddesdraach und **Joddsdraach,** w, Mz **-te,** Gottestracht, Kirchweihfest
Joddesjav, w, Mz **-e,** Gottesgabe

Joddesluhn, m, Mz **-lühn,** Gotteslohn, geringer Lohn
Jödel, m, Mz **-e,** Gürtel, Tragband
Jödel, s, Gudula
joldich, golden; kostbar, köstlich, wunderbar
Joldmäl, w, Mz **-e,** Goldamsel, Pirol
Joldschmitt, m, Mz **-dde,** Goldschmied; Laufkäfer
Jölpsch, m, Mz **-e,** Aufstoßen, Blähung, Rülps
jölpsche, aufstoßen, blähen, rülpsen
jon, gehen
Joot, m, Mz **-e,** Gurt
Jööt, f, Grütze
Jööz, w, Mz **-e,** empfindliche, stets klagende Person
jööze, verzärteln, verhätscheln
jöözich, empfindsam, zimperlich
Jöpädche, s, Mz **-r,** Kindersprache: ein kleines Pferd
Jörres, Jörch, m, Georg
Joß, m, Mz **Jöß,** Guß
jot, gut
Jot, s, Mz **Jöder,** Gut
Jot, m, Pate, Taufzeuge
jotadich, gutartig
Jötche, s, Mz **-r,** Gütchen, kleines Anwesen; **Jötche op der ander Sick,** Buckel
jothätzich, gutherzig
Jotheit, w, Güte
jotjedon, gutgetan
jotjemaht, gut gemacht, vergolten, entschädigt
jotjemot, guten Mutes
jotmödich, gutmütig
Jots, s, Leckeres, Zuckergebäck
jotsage, gutsprechen, bürgen
Jötsje, Kindersprache: Backwerk, Zuckergebäck
jotsmots, guten Mutes
jotspreche, verbürgen
Jott, Gott
Jottleev, m, Gottlieb
Jottsedank, Gott sei Dank!
jottsjämmerlich, überaus jämmerlich
Jottswelle, Klageruf: um Gotteswillen!

Jottwals, zu Gottes Ehre
jotwellich, gutwillig
Jözenich, m, Gürzenich, altes königliches Festhaus
jrad, gerade
Jrades, m, Gerhard
jradop, gerade auf
Jraduus, m, jemand, der unverhohlen die Meinung sagt
jraduus, geradeaus
jramm, heiser
Jräne, Mz, Migräne
jrängele, greinen, anhaltend weinen
Jrängeler, m, weinerlicher, unzufriedener Mensch
Jrapp und **Jrappsch,** m, Mz **-e,** hastiger Griff
jrappsche, hastig greifen
jrasöhrich, verkatert
jrateleere, beglückwünschen
jratsche, mit nervenerregendem Geräusch über etwas rutschen, schaben oder schieben
Jraubrut, s, Mz **-brude,** Graubrot
jräulich und **jrölich,** gräulich
jrauze, weinen, greinen
Jrav, s, Mz **Jräver,** Grab
jrave, graben
Jravschöpp, w, Mz **-e,** Grabschaufel
Jreeß, s, Grieß; Gemenge von kleinen Kohlen und Lehm
Jreeßje, s, Mz **-r,** Roggenbrötchen
Jreeßmähl, s, Grießmehl
Jreff, m, Mz **-e,** Griff
Jreffel, m, Mz **-e,** Griffel (aus Schiefer)
Jreffelbüß, w, Mz **-büsse,** Griffeldose
Jreuel, m, Mz **-e,** Greuel
jreulich, greulich, furchtbar, schrecklich
Jrev, w, Mz **-e,** Griebe, ausgebratener Fettwürfel
jribbele, grübeln, nachdenken
jriefe, greifen
jrielaache, hohnlachen
Jrielächer, m, verschmitzter Spötter
jriemele, hohnlächeln, kichern
Jriemeler, m, schmunzelnder Zuhörer

Jries, m, Mz **-e,** Greis; jemand mit hellblondem Haar
jries, flachsartig, grau, greis, hellblond
Jriesje, s, Mz **-r,** kleines flachsblondes Kind
Jriet, s, Margaretha
Jrimass, w, Mz **-e,** Grimasse, Fratze
jringe, greinen, weinen, Gesichter schneiden
Jringkopp, m, Mz **-köpp,** grinsendes Gesicht, Greinkopf, Stein in Kopfform über der Kellertür
Jrips, m, Verstand
Jrisel, m, Frösteln, Schaudern, Schrecken
jrisele, grausen, gruseln, fieberartig kalt überlaufen, schaudern
jriselich, geronnen; schauerlich, schauderhaft, schrecklich
jrön, grün, frisch, unerfahren, unreif
jröne, grünen
Jröns, s, Laub; Suppenkraut; frisches Viehfutter
Jrönsels, s, Grünzeug
jroß, groß
Jroß, w, Großmutter
Jroß, m, Mz **Jröß,** Gruß
jröße, grüßen
Jroßmuul, s, Mz **-müler,** Großmaul
Jroßvatter, m, Mz **-vätter,** Großvater
Jrot, m, Mz **Jröt,** Gräte
jröter, größer
Jrothubbel, m, Mz **-e,** Grathobel
Jrotpann, w, Mz **-e,** Dachgratziegel
jrov, grob
Jrovianes, m, Mz **-e,** Grobian
Jrovschmit, m, Mz **-te,** Grobschmied
Jrummbär, m, Mz **-e,** mißmutiger, stets zum Schelten geneigter Mensch
jrumme, brummen, murren, schelten
Jrümmel, m, Mz **-e,** Krümel, Brosamen
jrümmele, krümeln, Brot zerreiben
jrümmelich, krümelig
Jrummes, m, Mz **-e,** gleichbedeutend mit Jrummbär
Jrummet, s, zweiter Grasschnitt

jrundeere, die Grundfarbe streichen, grundieren
Jrundies, s, Grundeis
jrusele, fieberhaft überlaufen, grausen, schaudern
jruselich und **jriselich,** grauenhaft, schrecklich
jünne, gönnen
Jünner, m, Gönner
Juns, w, Mz **-te,** Gunst
Jurk, w, Mz **-e,** Gurke
Juß und **Jüß,** auch **Au** und **Äu,** m, August
Juß und **Jüß,** s, Auguste

H

ha!, Ausruf der Freude oder Bewunderung
hä, er
Hääd, m, Mz **-e,** Herd, Küchenofen
Haanappel, m, Mz **-äppel,** Hagebutte
habbelich, nervös, aufgeregt
habbich, habgierig
hach!, Ausruf des Ärgers oder Unwillens
Hackepack, s, Mischmasch, Pöbel
Hackmetz, s, Mz **-er,** Hackmesser; böse Frau
Häd, w, Mz **-e,** Herde, Menge
häde, härten
hagelwieß, ganz weiß
haggele, ungleichmäßig abschneiden, beim Tanz aus dem Takt kommen
haggelich, ungleichmäßig
Hahneklau, w, Mz **-e,** Hahnenklaue
Hahnepeck, m, Mz **-e,** Keimfleck im Ei
Hahnestätz, m, Mz **-e,** Hahnenschwanz
halde, halten
half, halb
Half, s, halbes Gläschen Schnaps
halfdut, halbtot
Halferschhoff, m, Mz **-höff,** Halfenhof, Pachtgut
Halfjehangs, s, unordentlich gekleideter Mensch mit schlechter Haltung
halfsigge, halbseiden
halfwaaße, halbwüchsig
Halsafschnigger, m, Halsabschneider, Wucherer
Halsdoch, s, Mz **-döcher,** Halstuch
Halv, s, Mz **-e,** Halbes
halver, halbwegs
halvschärp, halbscharf, schräg
Hamächer, m, Kummetmacher, Sattler
Hämmche, s, Mz **-r,** Knöchelende des Schinkens, Schweinehaxe
han, haben
Hanak, m, Mz **-e,** Schelm, Gauner

Handdoch, s, Mz **-döcher,** Handtuch
handfaß, handfest, kräftig
Händsche, m, Handschuh
Handstäuver, m, Handfeger
haneböche, haarsträubend
Häng, Hände
hange, hangen; hängen
Hanges, s, Wandbrett mit Knöpfen oder Haken zum Aufhängen von Kleidungsstücken
Hängsche, s, Mz **-r,** Händchen
Hann, Hannche, s, Johanna
Hannes, Schang, m, Johann
Hännesje, s, Mz **-r,** Hänschen; Spaßmacher; Kölner Puppentheater
Hansmuff, m, Knecht Ruprecht des hl. Nikolaus
Hanswoosch, m, Mz **-wöösch,** Hanswurst
Hanteer, m, Handhabung, Art und Weise zu arbeiten
hanteere, handhaben
hanteerlich, praktisch, zweckentsprechend
Happe, m, Bissen, Mundvoll
happe, schnappen, hastig zugreifen
happich, gierig
happsche, wegschnappen
Här, m, Mz **-e,** Herr
Härejuns, w, Herrengunst
Härekoss, w, Herrenkost, erlesene Speisen
Harf, w, Mz **-e,** Harfe
Harnisch, m, Mz **-e,** Harnisch
Has, m, Mz **-e,** Hase
Hasenoß, w, Mz **-nöß,** Haselnuß
Hasepütche, s, Mz **-r,** Hasenpfote
Haseschade, m, Hasenscharte
Haß und **Hatz,** w, Hast, Eile
hat, hart; als Verstärkungswort: sehr
hathätzich, hartherzig
Hathätzichkeit, w, Hartherzigkeit
hathörich, schwerhörig, taub; unfolgsam
hatlievich, eigensinnig; zäh; hartleibig, verstopft
Hatlievichkeit, w, Eigensinn; Verstopfung

Hätz, s, Mz **-er,** Herz; Hetze
Hätzblättche, s, Mz **-r,** Herzblättchen; Liebling
Hätzblot, s, Herzblut
Hätzbrenner, m, feiger Mensch, Hasenfuß
hätze, herzen
Hätzekülche, s, Mz **-r,** Herzgrube; Liebchen
Hätzensdeevje, s, Mz **-r,** Herzensdiebin; Geliebte
Hätzensfründ, m, Mz **-e,** Busenfreund
Hätzenskind, s, Mz **-er,** Liebling
Hätzensping, w, Herzschmerzen; Herzeleid
Hätzer, Mz, Herzkarten
hätzhaff, herzhaft
Hätzkloppe, s, Herzklopfen
Hätzleevje, s, Mz **-r,** Herzliebchen
hätzlich, herzlich; stark gesalzen, kräftig gewürzt
Hau, w, Mz **-e,** Hacke mit Spitze und Fläche
Hau, m, Mz **Häu,** Schlag, Hieb; närrische Anwandlung
Haudäje, m, Haudegen; handfestes Frauenzimmer
haue, hauen
Häuer, m, großer Zahn
Hauf, m, Mz **-e,** Haufen, Menge
häufele, anhäufen
Haup, s, Mz **Häupter,** Haupt
Haupsaach und **haupste Saach,** w, Mz **-e,** Hauptsache
Hauptstöck, s, Mz **-er,** Hauptstück, Abschnitt aus dem Katechismus
Haupwaach, w, Hauptwache
Häuv, s, Mz **Häuv** und **Häuvter,** Haupt
Hav, s, Habe; **Hav un Jot,** Hab und Gut
Haver, m, Hafer
Haverkess, w, Mz **-keste,** Haferkiste
he, hier
Hech, m, Mz **-te,** Hecht; Taugenichts
hechele, hecheln, schikanieren
Hechelkränzche, s, Mz **-r,** Tee- oder Kaffeekränzchen; Versammlung lästerfreudiger Frauen
hecke, sich paaren (bei Vögeln)
Heckkorv, m, Mz **-körv,** Vogelbrutkorb
Heckzick, w, Mz **-zigge,** Vogelbrutzeit

Heen, s, Mz -e, Gehirn
Heet, m, Mz **-e,** Hirt
Heff, s, Mz **Hefter,** Heft
Heff, w, Hefe
Heffedeilche, s, Mz **-er,** Hefeteilchen
Heffploster, s, Heftpflaster
heför, hierfür
Heggenavvekat, m, Mz **-e,** Winkeladvokat
heher, hierher
hehin, hierhin
Heidekännche, s, Mz **-r,** kleines irdenes Kännchen, Beigabe in Römergräbern
Heidenarbeit, w, beschwerliche, langwierige Arbeit
Heiduck, m, Mz **-e,** Spottname für ein Mannweib
Heija, w, Bettchen, Wiege
Heimermüsje, s, Mz **-r,** Hausgrille, Heimchen
heimleuchte, heimleuchten; grob die Wahrheit sagen
Hein, Hen, Hendrich, Drickes, m, Heinrich
Heinzemännche, s, Mz **-r,** Heinzelmännchen, Zwerg; Mensch von kleiner Statur
heische, heißen
Heizefeiz und **Heizefex,** m, Mz **-e,** bewegliches Kerlchen, Spaßvogel
Heizemann, m, Mz **-männer,** Heinzelmann, Zwerg
Heldemot, m, Heldenmut
Heldenblot, s, Heldenblut
Heldendot, w, Mz **-e,** Heldentat
helfe, helfen
Hell, w, Hölle
Heller, m, Mz **-e,** Hehler
hellich, heilig
Hellichdum, s, Mz **-dümer,** Heiligtum
Hellichovend, m, Heiligabend
Hellije, m, Heiliger
Hellijebildche, s, Mz **-r,** Heiligenbildchen
Hellijehüsje, s, Mz **-r,** Häuschen oder Mauernische, in der ein Heiligenbild steht
Hellijemann, m, St. Nikolaus als Bescherer der Kinder
Hellijesching, m, Heiligenschein, Aureole

hellop, hellauf, laut
Helmes, Will, m, Wilhelm
Help, w, Mz **-e,** Hosenträger
Helpebotz, w, Mz **-e,** Hose mit Hosenträgern
Hemb, s, Mz **Hemder,** Hemd
Hemsbödche, s, Mz **-r,** Hemdborde an Hals und Ärmel
Hembsmau, w, Mz **-e,** Hemdärmel
Hembsschleppe, m, Mz **-e,** Hemdzipfel
Hengs, m, Mz **-te,** Hengst
Henk, w, Mz **-e,** Henkel
Henkekann, w, Mz **-e,** Henkelkanne
Henkekorv, m, Mz **-körv,** Henkelkorb
Henkemang, w, Mz **-e,** Henkelkorb
Henkemann, m, Steinkrug in Form der menschlichen Gestalt; jemand, der die Arme in die Seite stemmt oder die Hände in die Hosentasche steckt
Herbs und **Hervs,** m, Herbst
Herrjott, m, Herrgott
Herrjottsfröh, w, frühe Morgenstunde
Herrjottsfulenzer, m, Erzfaulenzer
Herrjottsjrielächer, m, jemand, der alles bespöttelt
Herrjottswindmächer, m, Orgelbalgtreter
herv, herb
Hervszick, w, Herbstzeit
Hetz, w, Hitze
Hetzbloder, w, Mz **-e,** Hitzebläschen
hetzich, aufbrausend, hitzig
Hetzjach, w, Mz **-de,** Hetze, eilige Reise, Hetzjagd
Hetzschlaach, m, Mz **-schläch,** Sonnenstich
Heubärm, m, Heuhaufen
Heufohr, w, Mz **-e,** Heufuhre
Heukar, w, Mz **-e,** Heukarre
Heuohs, m, Mz **-ohße,** Heuochse; Dummkopf
Hevvam, w, Mz **-e,** Hebamme
hevve, heben
Hevvel, m, Mz **-e,** Hebel
Hevver, m, Mz **-e,** Heber
Hexemächer, m, Hexenmeister, Zauberer; Schmuggler
Hexeschoß, m, Mz **-schöß,** Hexenschuß

hierode, heiraten
Hierot, w, Mz **Hierode,** Heirat
Hierotsjot, s, Mitgift
Himmel, m, Mz **-e,** Himmel; Traghimmel, Baldachin bei Prozessionen
himmele, schwärmerisch gen Himmel blicken; sterben
Himmelfahtsnas, w, Mz **-e,** nach oben gerichtete Nase
Himmelrich, s, Himmelreich
Himmelstänekränk, -zackerment, humorvoller Fluch
hinge, hinten
hingeneröm, hintenherum
hingenerüvver, hintenüber; dort herüber
hinger, hinter
hingeran, hintan
hingerberchs, versteckt, heimlich
Hingerdeil, s, Mz **-e,** Hinterteil
hingerdran, hintendran
hingerdren, hinterher, hinterdrein
hingerdrieve, hintertreiben
hingerdrop, hintendrauf
hingerdurch, hintendurch
hingere, hindern
hingerein, hintereinander
hingerenander, hintereinander
hingerenein, hintereinander
hingerläje, hinterlegen
hingerlestich, hinterlistig
hingerloße, hinterlassen
hingernoh, hintennach
Hingerpoz, w, Mz **-e,** Hintertür
Hingerquateer, s, Hinterviertel; Hintern
hingerröcks, hinterrücks
Hingersch und **Hingesch,** s, Mz **-e,** Hintern
Hingerveedel, s, Mz **-e,** Hinterviertel
hingerwidder, hinterwider, erschöpft, außer Atem; in schlechten Verhältnissen lebend
hingezo, nach hinten zu
Hipp, w, Mz **-e,** Ziege
hippele, hinken

Hippelepipp, s, Mz **-e,** alter, verlebter Mensch, der nicht fest auf den Beinen ist
Hirring, m, Mz **-e,** Hering
Hirringschlot, s, Heringsalat
Hitza!, Zuruf beim Niesen
höde, hüten
Hof, m, Mz **-e,** Huf
Hoff, m, Mz **Höff,** Hof
Höff, w, Mz **Höfte,** Hüfte
Hofieser, s, Mz **-e,** Hufeisen
Hofschmid, m, Mz **-de,** Hufschmied, Grobschmied
Hohn, w, Mz **Höhner,** Huhn
Hohndersch, s, Mz **-e,** Hühnerhaus
Höhnerauch, s, Mz **-auge,** Hühnerauge
Höhnerbroß, w, Mz **-bröß,** Hühnerbrust; enger Brustkasten beim Menschen
Höhnerdreck, m, Hühnermist
Höhnerföttche, s, Mz **-r,** Hühnerafter; zusammengeschrumpfte Haut am Ellenbogen
Höhnerhuck, w, Hühnerhaut; **- krijje,** sich gruseln
Höhnerjedresse, s, Hühnermist
Höhnerklau, w, Mz **-e, -klöche,** s, Mz **-r,** Hühnerklaue; **mem - krijje,** etwas auf eine feine Weise erreichen
Hoke, m, Mz **-n,** Haken
Hokespokes, m, Hokuspokus, Blendwerk, Gaukelei
holderdepolder, Hals über Kopf
holl, hohl
Höll, w, Mz **-e,** Hülle
Höll und **Hell,** w, Hölle
holle, holen
hölle, hüllen; höhlen
Hölp, w, Hülfe
honoreere, ehren, würdigen, Honorar zahlen
Hoon, s, Mz **Höner,** Horn, harte Schwielen
Hoonveh, s, Hornvieh
Hoor, s, Mz **-e,** Haar
Hoorbessem, m, Mz **-e,** Haarbesen
Hoorböösch, m, Mz **-te,** Haarbürste
hoorklein, haargenau

Hoorzibbel, m, Mz **-e,** Haarzipfel
Höösch, m, banger, friedlicher, stiller Mensch
höösch, still, leise
Hoot, w, Mz **-e,** Hürde; großes, schrägstehendes Sandsieb zum Ausscheiden der Kieselsteine
Höötsche, s, Mz **-r,** Fenstervorsatz; Hürde zum Obstdörren; Sandsieb
Hoppe, m, Hopfen
höppe, hüpfen
Hoppeditzje, s, Mz **-r,** Stampfer beim Pflastern
höppele, hinkend gehen
Höppelepöppel, m, Hinkender
Höppeling und **Höpperling,** m, Mz **-e,** Hüpferling; Frosch, Heuschrecke
Höppemötzje, s, Kästchenhüpfen (Kinderspiel)
Hoppepännche, s, Mz **-e,** Hopfenkessel
Höppeseilche, s, Mz **-r,** Leine zum Seilspringen
Hoppestang, w, Mz **-e,** Hopfenstange; magere Frau
Hor, w, Mz **-e,** Hure
hore, huren
höre, heuern, mieten
Horeminsch, s, Mz **-er,** Dirne, Hure
Horenhuus, s, Mz **-hüser,** Hurenhaus, Bordell
hörich, haarig, stark behaart
Horkes, m, Mz **-se,** schleimiger Auswurf
horkse, Schleim ausspucken
Hoste und **Hos,** m, Husten
hoste, husten
höstisch, hastig
Hot, m, Mz **Höt,** Hut
Hot, w, Obhut
Hotmächer, m, Hutmacher
Hotschel, w, Mz **-e,** Hutzel, Obstschnitzel; kleine verwachsene Frau
hott!, Zuruf für Zugtiere: rechts
Hött, w, Mz **-e,** Hütte, Bude, Ecke, Krambude
Hottepädche, s, Mz **-r,** Reitpferd; Schaukelpferd
Hu!, Ausruf des Schreckens
hü!, Zuruf für Zugtiere: Halt!

Hubät und **Bätes,** m, Hubert
Hubbel, m, Mz **-e,** Hobel; Erhöhung des Bodens
hubbele, hobeln
hubbelich, uneben
Hubbelspien, m, Hobelspan
Huck, w, Mz **Hück,** Haut
hück, heute
hucke, ducken, kauern, niederkauern, hocken
huckepack, auf Schultern oder Rücken getragen
huddele, schlecht, unsauber arbeiten
huddelich, nachlässig, ungleichmäßig
Huddelskrom, m, schlechte Wirtschaft, nachlässige Arbeit, unhaltbar gearbeitetes Gerät
hufeere, hochschätzen; schmeicheln
hufeet, hochgefeiert, geschmeichelt
Huffaat, w, Hoffart
Huffaatspinsel, m, Mz **-e,** eingebildeter Mensch
huffädich, hoffärtig
hügge, häuten, abschälen
hüggich, heutig
huh, hoch
Hüh und **Hühde,** w, Höhe
Huhaltar, m, Mz **-e,** Hochaltar
Huhamp, s, Mz **-ämter,** Hochamt
huhberömp, hochberühmt
hühde, erhöhen
huhdütsch, hochdeutsch
hühe und **anhühe,** anhöhen, höhen, erhöhen
hüher und **hühter,** höher
Hühere und **Hühtere,** m, Höhere
huhhätzich, hochherzig
huhjejivvelt, hochgegiebelt
huhjeleht, hochgelehrt
huhjeschöz, hochgeschürzt
huhjestoch, hochräumig
Huhkant, w, hohe Kante eines flachen Gegenstandes
huhkante, hochkantig stellen oder legen
huhmödich, hochmütig
Huhmot, m, Hochmut

huhnasich, hochnäsig
huhnüdich, hochnötig, sehr nötig
Huhzick, w, Mz **-zigge,** Hochzeit
Huhzicksdach, m, Mz **-däch,** Hochzeitstag
Huhzicksfeer, w, Hochzeitsfeier
huhziggich, hochzeitlich
Hüldopp, m, Mz **-döpp,** Brummkreisel
hüle, heulen
Humm, w, Mz **-e,** Hummel
Hümpelchepümpelche, s, Mz **-r,** hinkendes Kind
humpele, hinken
Hunerazione, w, Honoratioren
Hungerligger, m, Hungerleider
Hungk, m, Mz **Hüng,** Hund
Hungsdach und **-däch,** Hundstage
Hungsfott, w, Mz **-fött,** erbärmlicher Mensch
Hungsjeck, m, Mz **-e,** Hundenarr
Hungskeesch, w, Mz **-e,** Hundekirsche, Tollkirsche
Hungsköttel, m, Mz **-e,** Hundekotballen
Hungsmadam, w, Mz **-e,** und **-madämche,** s, Mz **-r,** Hundeliebhaberin, ärmlich oder altmodisch gekleidete Frau
hungsmiserabel, sehr elend
Hunnich, m, Honig
Hunnichfleech, w, Mz **-e,** Biene
hunze, quälen
huppe, hupen
Huppesspille, s, kleine Kinder spielend hochheben und niedersetzen
hüre, hören
huse, hausen
huseere, hausieren
Huseerer, m, Hausierer
Hüsje, s, Mz **-r,** Häuschen; Abtritt
hüslich, häuslich
Hutell, s, Mz **-s,** Hotel
hutsche, hocken, kauernd niedersetzen, lange auf einer Stelle kauern
Huus, s, Mz **Hüser,** Haus
Huusdeev, m, Mz **-e,** Hausdieb

Huusdör, w, Mz **-dürre,** Haustür
Huushäldersch, w, Mz **-e,** Haushälterin
Huusknäch, m, Mz **-te,** Hausknecht
Huuskrütz, s, Hauskreuz; zänkisches Eheweib
Huusküche, s, Stubenhocker
Huuslück, Mz, Hausleute
Huusmannskoß, w, Hausmannskost, bürgerliches Essen
Huusschlössel, m, Mz **-e,** Hausschlüssel
Hüvvel, m, Mz **-e,** Hügel

I

I-a-Köttela, m, Schulneuling
Idijot, m, Mz **-e,** Idiot
Iefer, m, Eifer
iefere, eifern
iefrich, eifrig
Iel, w, Eile
iele, eilen
ielich, eilig
Iepekrätzer, m, zänkischer, unverträglicher Mensch
Ies, s, Eis
Iesdopp, Mz **-döpp,** konischer Holzkreisel
Ieser, s, Eisen
ieser, eisern
Ieserdroht, m, Mz **-dröht,** Eisendraht
Ieserfielsel, s, Eisenfeilspäne
Ieserklör, w, Eisenfarbe
Ieserkrom, m, Mz **-kröm,** Eisenwarenladen
Ieserspien, Mz, Eisenspäne
iesich, kalt, eisig
iesjro, eisgrau
Iespel, m, Frostregen
iespele, regnen bei Frostwetter, so daß sich sogleich Glatteis bildet
Iesscholl, auch **-schölp,** w, Mz **-e,** Eisscholle
Ieszappe, m, Eiszapfen
Iggel, m, Hast, Ungeduld
iggelich, hastig, ungeduldig
ija, ja, jawohl
im, ihm
Imm, w, Mz **-e,** Biene
Immekaar, w, Mz **-e,** und **Immekorv,** m, Mz **-körv,** Bienenkorb
Ingenaaz, m, Ignaz
inkel, auch **enkel,** einzeln
Inne, inne, Ihnen, ihnen
inspireere, begeistern, einflößen
insulteere, verspotten, beleidigen, beschimpfen

Irm, s, Irma, Irmgard
Irmche, s, Mz **-r,** ärmliche, verkommene Frau
it, es, das
Itzich, m, Spottname für Juden
Iwichkeit, w, Ewigkeit

J

Jaach, w, Mz **-de,** Jagd
jage, jagen
Jan, m, Johann
Janewarius, m, krummer, verwachsener Kerl
Jänn, Jännche, s, Marianne
Jansbrut, s, Johannisbrot
Jansdruve und **Johannesdruve,** w, Mz, schwarze, rote oder weiße Johannistrauben
jases!, Ausruf: ach herrje!
Jauichkeit, w, Hastigkeit, Eile
jawolja, jawohl
Jelänger-Jeleever, s, Stiefmütterchen; lange, hagere Person
jet, etwas, wenig
Jett, Jettche, s, Henriette
jeuchele, hohnlachen, witzeln, spötteln
jih, jäh, steil
Jihdoosch, m, plötzlicher starker Durst
jihdööschtich, plötzlich sehr durstig
Jihdud, m, jäher Tod
Jihhoß, m, Jähzorn
jihhöstisch, jähzornig
Jihhunger, m, Heißhunger
jihhungerich, heißhungrig
jihlich, eilig, hastig, jähe
Jihlichkeit, w, Hastigkeit
jihlings, jählings
jitz, jetzt
jo, ja
Jö!, Zuruf für Zugtiere, wenn sie anziehen sollen
Jobroder, m, Mz **-bröder,** Jasager, Beipflichter
Jöck, m, Jucken
jöcke, jucken; schnell arbeiten oder fahren
Joddemöhn, w, Mz **-e,** alte Patentante
Johr, s, Mz **-e,** Jahr
Johresluhn, m, Jahreslohn
jöhrich, jährig

jöhrlich, jährlich
Johrschszick, w, Mz **-zigge,** Jahreszeit
Jomer, m, Jammer
Jömer, m, Mz **-e,** Nachtgeschirr
jömere, jammern
Jömerpott, m, Mz **-pött,** Kaffeekanne; fortwährend klagender und jammernder Mensch
jömmich, jemine
Jöses, auch **Jisses, Jeses, Jases,** vom Namen Jesus hergeleitet, Ausruf des Schreckens und der Verwunderung
Jott, w, Patin
jubeleere, jubilieren, Jubelfest feiern, frohlocken
Juch, w, Angst, Aufregung
Jüd, m, Mz **Jüdde,** Jude
Jüdche, m, Mz **-r,** kleiner Jude, besonders Mädchen
Jüddele, s, Kartenspiel: Verkauf der Karten an die Meistbietenden
Juffer, auch **Jumfer,** Mz **Juffre** und **Jumfre,** Jungfrau
Jufferenhüngche, s, Mz **-r,** kleiner Schoßhund
Jujax, m, Freudengeschrei
jujaxe, bei Balgereien lautes Freudengeschrei erheben
Jumferekind, s, Mz **-er,** uneheliches Kind
Jumferledder, s, Lederzucker, Gummibonbon aus Eibischsaft
Jumferschaff, s, Jungfräulichkeit
Jumferewaaß, m, ungebleichtes Wachs
jümmes, jemand
Jungenhär, m, Mz **-e,** junger Herr; der älteste Sohn
junkere, winseln und heulen, besonders bei Hunden
Jupp, m, Josef
Jupp, m, **Jüppche,** s, Unterrock
Juppemännche, s, Kosenamen für Josef
Juß, m, Justin, Justus
Jüß, s, Justina
juß und **jüß,** just, gerade jetzt
justemang, eben, absichtlich, gerade im Augenblick
Jutsch, m, Guß
Juul, Juulche, s, Julia
Juv, w, Mz **-e,** Ohrfeige

Jux, m, Scherz, Spaß
juxich, spaßig
Juze, s, und **Juzerei,** w, Jauchzen
juze, jauchzen

K

Kaasch, m, Mz **-te,** Karst; Harke mit zwei Zinken
kaaschte, Erde aufhacken
Kaaß, w, Mz **-e,** Kasse
Kaaste, m, Kasten; Schaufenster; Arrestlokal
Kaastemännche, s, Mz **-r,** altes Geldstück (25 Pfennige)
Kaat, w, Mz **-e,** Karte
kaate, karten, Karten spielen
Kaateschläjersch, w, Mz **-e,** Kartendeuterin, Wahrsagerin
Kabänes, m, Mz **-e,** Prachtexemplar
Kabaß, w, Mz **Kabasse,** geflochtene Strohtasche
kabbele, auch **käbbele,** mit Worten streiten, zanken
Käbbelei, w, Mz **-e,** Gezänk
Kabbeljau, m, Mz **-e,** Kabeljau
kabbeljäuisch, unwohl, übel, zum Erbrechen geneigt
Kabüffje, s, Mz **-r,** kleiner, ärmlicher Raum
käche, keuchen
Kack, m, menschlicher Kot
Kackaasch, auch **Kaggendresser,** m, kleiner Junge
kacke, Notdurft verrichten
Kackedotz, m, Mz **-dötz,** der jüngste Vogel im Nest
Kackhüsje, s, Mz **-r,** Abort
kackjäl, gelbbraun
Kackstöhlche, s, Mz **-r,** Kindernachtstuhl
Kadenal, m, Mz **Kadenäls,** Kardinal
kaduck, ermattet, hinfällig; kleinmütig
Kaffebunn, w, Mz **-e,** Kaffeebohne
Kaffeköppche, s, Mz **-r,** Kaffeetasse
Kaffemöhn, w, Mz **-e,** leidenschaftliche Kaffeetrinkerin
Kaffemutt, m, Kaffeesatz
Kaffepott, m, Mz **-pött,** Kaffeekanne
Kaffepottsjold, s, kupferner Schmuck
Kaffespreit, w, Mz **-spreide,** Kaffeetischdecke
Kaffeteut, w, Mz **-e,** außergewöhnlich hohe Kaffeekanne; leidenschaftlicher Kaffeetrinker
Kafunjel, s, Kolophonium, Geigenharz
Käjel, m, Mz **-e,** Kegel

käjele, kegeln
kakele, gackern
Käl, m, Mz **-s,** Kerl; Ehemann, Geliebter
Kälde, auch **Kält,** w, Kälte
kälderich, frostig
Kall, w, Mz **-e,** Dachrinne, Abfallröhre
Kall, m, Erzählung, Gerede
kalle, erzählen, schwätzen
Kallscholl, w, kalte Biersuppe mit Korinthen
Kalmuck, m, flauschiges Baumwollgewebe
Kalosche, Mz, Überschuhe, auch Holzpantinen
kälsdoll, mannstoll
Kaltbeißel, m, Mz **-e,** Stahlmeißel zum Abhauen der Metalle
Kalv, s, Mz **Kälver,** Kalb
kalve, auch **kalvere,** kalben; läppisch sein; sich übergeben
Kalverei, w, Mz **-e,** läppisches, kindisches Gebaren, Gelächter
kalverich, albern, kindisch, läppisch
Kalverstäz, m, Mz **-e,** Kalbsschwanz
Kalvfell, s, Kalbfell; Trommel
Kalvledder, s, Kalbleder
Kalvskopp, m, Mz **-köpp,** Kalbskopf
Kamasch, w, Mz **-e,** Gamasche
Kamell, w, Mz **-e,** Bonbon; Ohrfeige
Kamesol, s, Mz **-söler,** gestrickte Jacke mit Ärmeln
kamesöle, durchprügeln
Kammerpott, m, Mz **-pött,** Nachtgeschirr
Kammfoder, s, Brieftasche
Kammiß, m, Militär
Kammißbrut, s, Mz **-brude,** Kommißbrot
Kammißkopp, m, Mz **-köpp,** Soldat
kampeere, lagern, nächtigen, sich vorübergehend niederlassen
Kän, m, Mz **-e,** Kern
Kanalje, w, Pöbel
Kanaljesom, m, Kanarienvogelsamen, Rübsamen
Kanaljevugel, m, Mz **-vüjjel,** Kanarienvogel

Kaniel, m, Zimt
Kann, w, Mz **-e,** Kanne
Kännche, s, Mz **-r,** Viertelliter-Schoppen
Kannebüttche, s, Mz **-r,** hölzerne Bütte zum Spülen von Trinkgefäßen
Kanonestopper, m, kleine, gedrungene Person
kanonevoll, total betrunken
Kantor und **Kuntor,** s, Mz **-e,** Kontor, Schreibstube
Kantoriß, m, Mz **-ste,** Kontorist, Schreiber
Kapaus, w, Mz **-e, Kapäusje,** s, Mz **-r,** kleines Zimmer, Rumpelkammer
kapeere, begreifen
Kapeziner, m, Mz **-e,** Kapuzinermönch
kapitelfaß, gut vorbereitet, bei Verstand
kapituleere, nachgeben, sich ergeben, einen Vergleich eingehen, sich zu weiterer Dienstleistung verpflichten
Kaplon, m, Mz **-löns,** Kaplan
kapores, kaputt
kapott, entzwei, hinfällig, kraftlos, tot, verloren, vernichtet, zu Grunde gerichtet
Kapp, w, Mz **-e,** Kappe, Mütze; Schuhkappe
Kappes, m, Mz **-e,** Kohl; wertloses Zeug
Kappesboor, m, Mz **-e,** Gemüsezüchter
Kapun, m, Mz **-e,** Kapaun
Kapützje, s, Mz **-r,** kleine Kapuze; Kapuzinerkresse
Kar, w, Mz **-e,** Karre
Karaff, w, Mz **-e,** Glasflasche
Kärche, s, Mz **-r,** kleine Karre
kardaunevoll, total betrunken
Karebaum, m, Mz **-bäum,** Deichsel
kareet, kariert
Karepäd, s, Mz **-er,** Karrengaul
Karerad, s, Mz **-rädder,** Karrenrad
Karessasch, w, Liebschaft
karesseere, freien, liebkosen
Karessell, s, Mz **-e,** Karussell
Karfingche, s, Mz **-r,** Öl- und Essigeinsatz
Karfunjel und **Kafunjel,** m, Kolophonium, Geigenharz
Karfunkel, m, Mz **-e,** roter Edelstein; Karbunkel

Karjär, m und w, voller Lauf, Karriere
karjole, rasch, schlecht fahren
Karlien, Lien, Lina, s, Karolina
Karmenat, w, Mz **-e,** Karbonade, Rippenfleisch mit Knochen
Karot und **Krot,** w, Mz **-e,** rote Rübe
Karpe, m, Mz **Kärpe,** Karpfen
karrich, karg; filzig
Karusch, w, Mz **-e,** Karausche (Süßwasserfisch)
karwatsche, verprügeln
Kasack, w, Mz **-e,** Überkleid
Kaschott, Kaschöttche, s, Arrestlokal
Kaschuleer, m, Schmeichelei
kaschuleere, schmeicheln
Kases, m, Fall
Kasteroll, w, Mz **-e,** Kasserolle, eiserner Bratkessel; altes Weib
katollisch, katholisch
Katömmelche, s, Mz **-r,** kleine Aprikose
Katömmelsnas, w, dicke, stumpfe Nase
Katring, Tring, Tringche, s, Katharina
Katsch, auch **Ketsch,** w, Mz **-e,** Scharte; frische Narbe; Kerngehäuse des Apfels
Kätt, Kättche, Trina, s, Katharina
Kattung, m, Kattun
Katz, w, Mz **-e,** Katze; eigensinnige Frau
Katzebänkelche, s, Mz **-r,** Strafbank für Schulkinder
Katzekopp, m, Mz **-köpp,** Böller; Schlosser (Spottname); eigensinnige Person
Katzendärm, m, Katzendarm; gedrehter Schafdarm, Darmsaite für Streichinstrumente
Katzesprung, m, Mz **-sprüng,** kleine Entfernung
Kau, w, Mz **-e, Käuche,** s, Mz **-r,** Hühnerkorb; kleines Zimmer
Käu, m, dummes Gerede
käue, kauen
Käufersch, w, Mz **-e,** Verkäuferin
Kaufes, s, Kaufhaus
Kauflück, Mz, Kaufleute

Käut, w, Finne, Hautausschlag, Eiterbläschen
käutich, mit unreiner Haut
käuze, sich erbrechen
keene, kirnen, entkernen, aus den Schoten lösen
Keesch, w, Mz **-e,** Kirsche
Keesch, m, Kirschlikör
Keeschekän, m, Mz **-e,** Kirschkern
Keeschestill, m, Kirschenstiel
Keeschetaat, w, Mz **-e,** Kirschtorte
Keeschezupp, w, Kirschkaltschale
Keeschknäpper, m, Kernbeißer
Kehr, w, Mz **-e,** Kurve; Mal
kehre, umkehren, wenden
keie, kindisch weinen
keile, prügeln
keimol, niemals, keinmal
Kejel, m, Mz **-e,** Kegel; uneheliches Kind
Kellerdill, Mz **-e,** Kellerdiele
Kellerluck, w, Mz **-e,** Einlaßöffnung im Kellergewölbe
Kellerstümpche, s, Mz **-r,** Kerzenrest für Kellerarbeiten
Kenn, s, Mz **-e,** Kinn
kenne, kennen
Kennepapa, m, Mann mit langem, spitzem Kinn
Kennwasser, s, Mundwasser
kerre, kehren
Kerv, s, Mz **-e,** Kerbe, Ritze
Kervel, m, Kerbel
Kervelzupp, w, Kerbelsuppe
Keß, w, Mz **Keste,** Kiste
Ketsch, w, Mz **-e,** Narbe; Samengehäuse von Kernobst
ketsche, durch Schlag oder Stoß einkerben
Ketteblom, w, Mz **-e,** Löwenzahnblume
Ketteschlot, s, Kettenblumensalat
Kevver, m und w, Mz **-e,** Käfer
kicke, schauen, sehen, lauern
Kickschoserei, w, Mz **-e,** Kleinigkeit
Kiddel, m, Mz **-e,** Kittel
kiddelrein, einwandfrei
Kiem, w, Mz **-e,** Kieme (beim Fisch)

kieme, keimen
Kiep, w, Mz **-e,** Rücken-Tragkorb
Kiepenboor, m, Mz **-e,** Bauer mit Rückenkorb
kiepich und **kniepich,** geizig, knickerig
Kies, m, Käse
Kiesblättche, s, Mz **-r,** kleine, unbedeutende Zeitung
Kiesbröck, w, Mz **-brögge,** Käsebrot
kiesich, käsig, ungesund, blaß
Kiesklock, w, Mz **-e,** Käseglocke
Kieskoosch, w, Mz **-te,** Käsekruste
Kiesmetz, s, Mz **-er,** Käsemesser; Säbel
Kiev, m, und **Jekievs,** s, Gekeife
kieve, keifen, wohlmeinend schelten
Kinderkrom, m, kindisches Zeug
Kingche, s, Mz **-r,** Kindchen
Kinkerlitzje, s, Mz **-r,** unbedeutende Sache
Kinkes, m, Mz **-e,** getrockneter Nasenschleim
Kipp, w, Mz **-e,** Huhn; Zigarettenstummel
Kippaasch, m, stark ausgeprägtes Gesäß
Kippche und **Kipphöhnche,** s, Mz **-r,** junges Huhn
kippe, Eier um die Wette einschlagen
Kipphahn, m, Mz **-hähn,** Hahn
Kirchestäuver, m, halbkugelförmiger Fensterbesen mit langem Stock
Kirchhoffsblom, w, Mz **-e,** rosige Wangen eines dem Tode nahen Schwindsüchtigen
Kirchtoon, m, Mz **-töön,** Kirchturm
Kirmeskrom, m, wertlose Ware
Kirmesplatz, m, Mz **-plätz,** Weizenbrot mit Rosinen oder Korinthen
Kirmesstöck, s, Mz **-er,** Kirmesgeschenk
Kirmesweck, m, Mz **-wegge,** Weizengebäck
Kis und **Kisel,** m, Kies, Kiesel
kische, hetzen, namentlich bei Hunden
kisele, hageln
Kiselschoor, w, Mz **-e,** Hagelschauer
Kiskul, w, Mz **-e,** Kiesgrube
Kittel, m, Kitzel
kittele, kitzeln

kittelich, kitzelig
Kitzje, s, Mz **-r,** Kitz, junges Reh, Zicklein
Kivverähz, w, Mz **-e,** grüne Erbse
kivvere, kirnen, aus den Schoten lösen
Kiwif, om, auf der Hut, bereit
Klaaf, Gerede, Geschwätz
klaafe, antragen, klatschen
Klaafmuul, w und s, Mz **-müler,** Anträger, Klatschmaul
klabastere, schlotterig gehen, hinterher laufen, klettern
kläbbele, kleckern, beschmutzen, bespritzen
kladderich, armselig, beschmutzt, erbärmlich, geringfügig, winzig, unangenehm
Kladunjel, m, Aufputz
kladunjele, aufputzen, schmücken
klamm, feucht; dürftig, ohne Geldmittel
klämme, stehlen
Klander, w, Mz **-e,** Zeugwalze, Mangel
Klanett, w, Mz **-e,** Klarinette
kläppe, läuten mit Anschlagen des Klöppels an der Glocke, ohne diese zu bewegen
Kläpper, m, Mz **-e,** Glockenklöppel; Türklopfer, Anschlageisen an altmodischen Türen
Klapper, w, Mz **-e,** Holzklapper
klappere, klappern; ausplaudern, schwatzen
Klatsch, w, Mz **-e,** schallender Schlag; Ohrfeige
Klätschauch, s, Mz **-ge,** triefendes Auge
Klatsche, m, Klecks, Flecken
klatsche, beklecksen; schlagen, ohrfeigen
klätsche, geräuschvoll aneinanderschlagen, aufschlagen, klatschen
klätschich, feucht, klebrig, trüb, unausgebacken, weich, teigig, triefend
Klätschje, s, Mz **-r,** Kleinigkeit, Klitsch, ein Stück weicher Masse; leichte Ohrfeige
Klatschkies, m, frischer Rahmkäse, Quark
Klätschkopp, m, Mz **-köpp,** Kopf mit naßglatt angekämmten Haaren; widerlich aussehender Mensch
Klätschmiebes, m, jemand mit kranken, triefenden Augen

klätschnaaß, durchnäßt
Klätschöhrche, s, Mz **-r,** Flickarbeit, besonders bei Maurern
Klatschrus, w, Mz **-e,** Klatschmohn, Kornrose
Klau, w, Mz **-e,** Klaue, Pfote, grobe Hand
Klau, w, schlechte, unleserliche Handschrift
Kläuche, s, Mz **-r,** Pfötchen, zartes Händchen; kleines Brecheisen
klaue, kratzen
kläue, stehlen, entwenden
kläuele, aufwickeln, knäueln
Klävbotz, w, Mz **-e,** unbequemer, lange bleibender Gast
Klävbroder, m, Mz **-bröder,** jemand, der beim Feiern kein Ende finden kann
Klävschmölzje, s, lustige Gesellschaft von Trinkern, die sich nicht zum Heimgehen entschließen können
Kledasch, w, Kleidung
kleinmödich, kleinmütig, mutlos, verzagt
klemme, klettern, klimmen
Klemmop, m, Schlingpflanze, besonders Efeu
Klett, w, Mz **-e,** Klette; lästiger Mensch
klevve, kleben
klevverich, klebrig
Klick, w, Mz **-e,** Partei, Rotte, Sippe
Klie, m, Klee
Kling, w, Mz **-e,** Klinge
klinge, klingen
Klingelsbüggel, m, Mz **-e,** Klingelbeutel zum Geldsammeln in der Kirche
klitzeklein, sehr klein
Klöbes, m, klobiger, unförmlicher Mensch
Klock, w, Mz **-e,** Glocke
Klockejelücks, s, Glockengeläute
Klockekläpper, m, Glockenklöppel
klöckele, wellenförmig bügeln; die Locken brennen
Klöckelieser, s, Mz **-e,** Lockenbrennschere
Klöckelscheer, w, Mz **-e,** Tollenschere
Klockelügge, s, Glockenläuten
Klockes, s, Glockenturm

Klocketoon, m, Mz **-töön,** Glockenturm
Klomme, Zi oder **Zint,** Sankt Kolumba
Klooch, w, Mz **-e,** Feuerzange; Gruft, unterirdischer Betraum, Krypta; Kluft, klaffender Spalt
klooch, klug
Kloochscheißerei, w, Mz **-e,** Klauberei, Klügelei, Augendienerei
Kloochschesser, m, altkluger Mensch, Besserwisser
Klöpp, Mz, Tracht Prügel
kloppe und **klöppe,** klopfen, prügeln
Klöppel, m, Mz **-e,** hölzerner Bildhauerhammer; Holzstab, Prügel
Klöppelchesmusik, w, Trommeln und Querpfeifen
klöppele, Spitzen wirken
Kloppholz, s, Mz **-hölzer,** Holz zum Einschlagen des Zapfhahns am Faß
Klöppjaß, w, Mz **-e,** Doppelreihe, die der zu Prügelnde durchlaufen muß
klor, klar
Klör, w, Mz **-e,** Farbe
Klör, s, Klara
klöre, klären
Klore, m, klarer Branntwein
klörich, farbig
Klos, Niklos, m, Nikolaus
Klos, m, Mz **Klös,** Kloß, Klumpen
Klötsch, m, Mz **-e,** Klotz, schweres Kind
Klotz, m, Mz **Klötz,** Klotz, schwere Masse
Klotzauch, s, Mz **-ge,** Glotzauge
klotze, glotzen
Klotzkopp, m, Mz **-köpp,** Dickkopf
Klovve, m, Kloben; dicke Nase; kurze Pfeife; Nachschlüssel
Kluck, w, Mz **-e,** Glucke
klucke, Eier ausbrüten
kluckse, schlucksen
Klümpche, s, Mz **-r,** Klümpchen
Klümpcheszucker, m, Würfelzucker
Klumpe, m, Mz, Holzschuhe

Klüngel, m, geheime Abmachung, Verabredung, Vereinbarung, erreicht durch Protektion; Genossenschaft oder Kreis von Personen, deren jede sich für den Vorteil der anderen einsetzt

Klüngelei, w, geheime, manchmal nicht ganz einwandfreie Verabredungen oder Machenschaften

Klüngeler, m, handelnde Person beim Klüngel

Klüngelersche, w, Kupplerin, Zwischenträgerin, klüngelnde Person

Klüngelsarbeit, w, Mz **-arbeide,** unordentliche Arbeit, Pfuscherei

Klüngelsmatant, w, Mz **-e,** unordentlich, nachlässig gekleidete, auch undurchsichtige Geschäfte betreibende Frau

Klupp, m, eine Anzahl beieinanderstehender Menschen

Kluster, s, Mz **Klüster,** Kloster

Klut, w, Mz **-e,** gemeiner, gewöhnlicher Kerl

klutsche, Bezeichnung für das Geräusch, das entsteht, wenn Flüssigkeiten auslaufen, gluckern

Klütte, m, Butterkloß; Brikett; schweres Kind

Klütteform, w, Mz **-e,** Brikettpresse

Knääch, m, Mz **-te,** Knecht

Knaatsch, w, Mz **-e,** stets klagende Frau

knaatsche, artikulierend weinen (bei Kindern)

knäbbele, sich zanken

Knäbbelei, w, Mz **-e,** Gezänk

knabbere, mit den Zähnen langsam abnagen

Knabbüß, w, Mz **-büsse,** Knallbüchse, Gewehr der Roten Funken

Knabbüssenholz, s, Holunderholz

knage, nagen

Knagges, m, kleiner, unansehnlicher Mensch

Knallbüß, w, Mz **-büsse,** Knallbüchse

knallefall, plötzlich, unvorhergesehen, zufällig

Knallhött, w, Mz **-e,** verrufene Kneipe

knallrut, hochrot

Knallzijar, w, Mz **-e,** Ohrfeige

knappe, knappen, etwas hörbar abbrechen

knappich, hart gebacken oder gebraten

Knaster, m, schlechter Tabak
knatsch, ganz, total (nur in Zusammensetzungen gebräuchlich)
knatsche, mit offenem Mund hörbar kauen
Knatschjeck, m, Mz **-e,** total Verrückter
knatschjeck, ganz verrückt
knäuele, nagen, wiederholt und in kleinen Bissen abnagen
Knauf, m, Mz **Knäuf,** Knopf
Knävvele, Mz, grobe Hände
knedde, kneten
Knee, s, Mz **-n,** Knie
kneene, knien
Kneff, m, Kniff
knespele, kleine Handarbeit mit Geduld anfertigen
Knespeler, m, jemand, der sich mit kleinen Arbeiten befaßt
knestere, knistern
Knesterei, w, Mz **-e,** Geduldsarbeit
Knevvel, m, Mz **-e,** Knebel
Knevvelbaat, m, Mz **-bät,** Knebelbart
knevvele, knebeln
knibbele, langsam kauen, knippern
Knick, w, Kreide
Knickebein, s, Likör mit Eidotter; alter, schlotteriger Mensch
knickerich, trocken, zäh; knauserig
Knickschrom, m, Mz **-schröm,** Kreidestrich
Knickstivvel, m, Mz **-e,** Geizhals
Kniebes, m, Mz **-e,** Kopf
kniepe, kneifen, zwicken, zuwinken; die Augenlider zum Schlaf schließen; blinzeln
kniepich, geizig, karg
Knies, m, Schmutz; Streit
Kniesbüggel, m, Mz **-e,** Geizhals
Knieskopp, m, Mz **-köpp,** Geizkragen
kniestich, filzig, schmutzig; geizig
knifflich, eigentümlich, niedlich, sonderbar, zierlich
kniggewieß, kreideweiß, blaß

Kning, s, Kaninchen
knippe, einen Gegenstand mit den Fingern wegschnellen oder sie dagegen schnellen lassen; zerknicken, mit dem Fingernagel zerdrücken
Knippmetz, s, Mz **-er,** Klappmesser
Knipp-Platz, m, Mz **-Plätz,** ovales, in Vierecke eingekerbtes, flaches Gebäck, mit Zucker bestreut
Knippschier, w, Mz **-e,** kleine Schere zum Ausschneiden und Abkanten von Metallblechen
knippse, siehe auch knippe
Knippzang, w, Mz **-e,** Kneifzange
Knochejerämsch, s, Knochengerippe; magere Person
Knochemann, m, Sensenmann, der Tod
knochendrüch, völlig trocken
Knochenhäuer, m, Fleischer
Knöchhoste und **Kröchhoste,** m, trockener Husten
Knodde, m, Knoten, Schleife
knodde, knoten
Knöddel, m, Mz **-e,** Knoten, Tuchschleife
knöddele, knoten, knüpfen
Knoddepürk, w, Mz **-e,** Knotenperücke
Knoll, w, Mz **-e,** Zuckerrübe
knöll, betrunken
Knöllche, s, Mz **-r,** Protokoll
Knollekopp, m, Mz **-köpp,** Dickkopf
knollich, derb, grob, knotig
Knoosch, w, Mz **-te,** Knorpel
knooschtich, knorpelig
Knopp, m, Mz **Knöpp,** Knopf, Knospe
knöppe, knüpfen, filieren; knöpfen
knospere, knuspern
knosperich, knusperig, hart gebacken oder braun gebraten
knottere, schelten, zurechtweisen
knotterich, mürrisch, verdrießlich
Knotterpott, m, Mz **-pött,** mürrischer, stets zum Schelten geneigter Mensch
Knubbel, m, Mz **-e,** Beule, kleiner gedrungener Mensch, Kloß, Menge

knubbele, unordentlich zusammenpacken, ungleich machen
Knubbelefutz, m, kleine, gedrungene Person
knubbelich, buckelig, holperig, knotig, uneben
Knudel, w, Mz **-e,** Mehlnudel, Knödel
knudele, zerdrücken, heftig liebkosen, an sich drücken
Knudelsarbeit, w, Mz **-arbeide,** schlecht ausgeführte Arbeit
knuffele, roh behandeln, stoßen, zerdrücken, zerzausen; drücken, herzen, liebkosen
Knüles, m, Mz **-e,** tölpeliger, dummer Mensch; übertrieben sparsame Person
Knupp, m, Mz **-e,** Puff, Stoß
Knüppche, s, Mz **-r,** gelinder Stoß; Schicksalsschlag; kerngesunde kleine Person
Knuppe, Mz, Hände, Pfoten
knuppe, knuffen, stoßen
Knurvel, m, Knorpel; Schnaps
knurvelich, knorpelig
knüsele, beschmutzen, zerknittern
knüselich, schmutzig, unrein
Knüselskrom, m, unreine Arbeit, schmutzige Wirtschaft
Knüselspott, m, Mz **-pött,** unreinliche Person
Knusperdösje, s, Mz **-r,** Dose für Leckereien
knutsche, zerdrücken, Stoffe knittern, plattdrücken
knuutsche, derb liebkosen, herzhaft an sich drücken
Knuuz, w, Mz **-e,** Ohrfeige, Puff, Schlag
Knuuzenbüggelche, s, Mz **-r,** kleine, unansehnliche, häßliche oder verwachsene Person
Knüüzje, s, Mz **-r,** Beule, geschwollene Nasenspitze
Knuvarbeit, w, kleine Geduldsarbeit
knuve, drücken, liebkosen; Geduldsarbeiten verrichten
Knüver, m, bedächtiger, sparsamer Mensch; jemand, der kleine Arbeiten mit Geduld anfertigt, aber auch etwas mit Ausdauer auskundschaftet
Knuvlauf, m, Knoblauch
Kobes, Köbes, m, Jakob; Kellner in kölschen Wirtschaften
Koch, m, das für eine Mahlzeit gleichzeitig Gekochte

Köch, w, Mz **-e,** Küche
köche, husten
köchele, Verschiedenes in kleinen Mengen kochen
Köchemetz, s, Mz **-er,** Küchenmesser
Köchepitter, m, ein Mann, der sich eingehend um Haushaltungs- und Küchenangelegenheiten kümmert
Köcheschützel, s, Mz **-e,** Küchenschürze
Ködche, Ködelche, s, Kordula
Koffer, m, Mz **-e,** Koffer
Koffer, s, Kupfer
Koh, w, Mz **Köh,** Kuh
Kohflader, m, Kuhmist
Kohheet, m, Mz **-e,** Kuhhirt
Kohhuck, w, Mz **-hück,** Kuhhaut
köhl, kühl
Köhlde, w, Kühle
köhle, kühlen
köhn, kühn
Köhnheit, w, Kühnheit
Kohschmeer, m, Kuhbutter
Kohstallsfähnderich, m, Spottname für Kuhmagd
Kohstätz, m, Mz **-e,** Kuhschwanz
kökele, gackern
koleere, färben, bemalen
kolesteere, etwas verwalten
Koll, w, Mz **-e,** Kohle
Köll, m, schwarze Katze; schwarzhaarige Frau
kölle, jemanden anführen, ärgern, zum Besten haben, foppen
Kolleck, w, Mz **-te,** Kollekte
Kollekar, w, Mz **-e,** Kohlenkarre
Kollekeß, w, Mz **-keste,** Kohlenkiste
kollekteere, sammeln
Kollemeis, w, Mz **-e,** Kohlmeise
Kollemoß, s, Mz **-e,** Kohlenmaß; Zylinderhut
Kollerav, w, Mz **-e,** Kohlrabi
kollere, wüten, rasen, toben
Kolleschöpp, w, Mz **-e,** Kohlenschaufel
kollich, böse, schlimm, sonderbar, übel, unangenehm

Kölsch, s, kölsch Bier
kölsch, kölnisch
kölsche, angestrengt husten
Kolve, m, Kolben
Komkommer, w, Mz **-e,** Gurke
Komkommerschlot, s, Gurkensalat
Kommang, m, Art und Weise, Manier
Kompoß, m, Dünger
Kooche, m, Kuchen
Koochendeich, m, Kuchenteig
Kood, w, Kordel
Koon, s, Mz **Köner,** Korn
Koon, m, Kornbranntwein
Koonbloom, w, Mz **-e,** Kornblume
koonbloomeblo, total betrunken
Koonläuv, w, Mz **-e,** Kornspeicher
Koor, w, Kur
Koor, s, Truppe; Pöbel
Koosch, w, Mz **-te,** Kruste, Rinde
koot, kurz
kootödemich, asthmatisch
kootöm, kurzum
Kopp, m, Mz **Köpp,** Kopf
Koppbreches, s, Kopfzerbrechen, Skrupel
Köppche, s, Mz **-r,** Obertasse
Koppdooch, s, Mz **-döcher,** Kopftuch
köppe, köpfen, hinrichten
Kopping, w, Kopfschmerz
Koppluus, w, Mz **-lüs,** Kopflaus
köppsch, eigensinnig
koppscheu, verängstigt, vorsichtig
kore, küren, probieren
Korv, m, Mz **Körv,** Korb
Korvmächer, m, Korbflechter
Koß, w, Kost
Kösse, s, Kissen
Koßjänger, m, einer, der regelmäßig zum Essen kommt
koßspillich, kostspielig
Koste und **Köste,** Mz, Kosten

koste, kosten, wert sein
Köster, m, Küster
kostümeere, bekleiden, maskieren
köte, kürzen
kott, böse
kötte, betteln, unablässig bitten
Köttel, m, Mz **-e,** zusammengeballter harter Kot von Menschen und Tieren
Köttel, m, Mz **-e,** kleiner Mensch; kleiner Junge
Köttelskääl, m, Mz **-s,** kleiner Mensch
Kötthungk, m, Mz **-hung,** Gewohnheitsbettler
kotze, sich erbrechen
Kötzel, m, angewöhnter Husten
kötzele, mit Auswurf husten; leichtes Erbrechen bei Kindern
Kötzer, m, jemand, der gewohnheitsmäßig mit Auswurf hustet
Kraach, m, Krach
kraache, krachen
Kraachmandel, w, Mz **-e,** süße Mandel
kraachrein, blendend rein
krabbele, kraulen, kratzen, schlecht schreiben, mit den Fingerspitzen auf der Haut hin- und herfahren
Krabitz, w, Mz **-e,** zänkische, unverträgliche Person
krabitzich, zänkisch
Krack, w, Mz **Kragge,** abgemagertes Pferd, Schindmähre
kradeplatt, ganz platt
Kradepol, m, Mz **-pöl,** Sumpf, Krötenpfuhl
kradich, böse, eigensinnig, zänkisch
Kraff, w, Mz **Kräfte,** Kraft
Krahne, m, Zapfhahn
Krakiel, m, Streit, Zank
krakiele, streiten
Krakieler, m, Zänker, Händelsucher
Krall, w, Mz **-e,** Koralle
krall, drall, munter, niedlich
krallrut, hochrot
Kramp, m, Mz **Krämp,** Krampf
Krämp, w, Mz **-e,** Hutrand

Krampe, m, Ösenhaken
Krampoder, w, Mz **-e,** Krampfader
Kränk, w, Fallsucht; Krämpfe bei jungen Hunden und Katzen
Kranköllich, s, Mz **-e,** eine Person, die leicht und oft erkrankt
krapp, hart gebacken
Kräppcher, Mz, Grieben, ausgebratene Fettwürfel
Krat, w, Mz **Krade,** Kröte; böses, zänkisches Mädchen
Kratsch, m, Mz **-e,** Riß, Schramme
kratsche, mit einem Gegenstand über etwas rutschen oder streifen; auf etwas beißen, z. B. auf Sand, so daß ein unangenehmer Ton entsteht
Krätz, w, Krätze, Hautkrankheit
Kratzböösch, w, Mz **-te,** empfindlicher, zänkischer Mensch
kratzbööschtich, ärgerlich, verdrießlich, zänkisch
kratze, kratzen, scharren, schnell laufen
Krätzer, m, schlechter, saurer Wein
Krätzer, m, Erdharke, Fußkratzeisen
Krätzje, s, Mz **-r,** kleine Schramme; Schwank
Krätzjesmächer, m, Spaßmacher, Witzbold
Kräu, w, Krätze, Räude
Krau, m, gemeines Volk, Gesindel
kraue, jemand ärgern; eilen, laufen; kratzen
Kräuel, m, unangenehmer Mensch
Kraues, s, niedrige, ärmliche Stube
Kreech, m, Mz **Kreje,** Krieg
kreenzele, sich zieren, herausputzen
kreenzelich, geziert
kreize, in Öl braten
krejel, appetitlich, gut aufgelegt, munter, reinlich, zierlich
Krejer, m, Krieger
Krepp, w, Mz **-e,** Krippe
Kreppche, s, Mz **-r,** kleine Krippe; Puppentheater
Kreß, m, Christian
Kreß, m, Mz **Kreste,** Christ
Kreßdaach, m, Weihnachtstag

Kreßkingche, s, Mz **-r,** Christkind; Weihnachtsgeschenk
Kreßnaach, w, Christnacht
Kresteminsch, s, Mz **-e,** Christenmensch
Krestes, m, Christus
Krestoffel, m, Christoph
Kribbel, m, **Kribbele,** s, nervöser Juckreiz
Kribbel, m, Mißlaune, Ungeduld
kribbele, jucken; kritzeln, unleserlich schreiben
Kribbelekrabes, m, Kribskrabs, Durcheinander von Schriftzügen
kribbelich, ärgerlich, erregt, heikel, schwierig, verdrießlich
Kribbelkopp, m, Mz **-köpp,** schwer zufriedenzustellender, mißmutiger, zänkischer Mensch
kribbelvoll, ganz voll, über und über bedeckt
Kriemer, m, Krämer, Kramwarenhändler
kriesche, weinen
Krieschkopp, m, Mz **-köpp,** weinerlicher Mensch
Krih, m, Krähen, Schrei
krihe, krähen
krijje, nehmen, erhalten, bekommen
krimpe, krümmen, verkrampft zusammenkauern
Krimskrom, m, Kleinigkeiten, Trödel
Kringel, m, Mz **-e,** Geringeltes; Wasserwirbel
kringele, ringeln bei gedrehten Schnüren oder Seilen
krintich, krank, aussätzig
kripeere, krepieren, verenden, platzen
Kristelehr, w, Christenlehre, Religionsunterricht für Kinder
Kristien, Stina, Sting, s, Christine
kritsche, das Geräusch trockener Schuhe beim Gehen auf gefrorenem Schnee, oder beim Beißen auf Sand
kritschele, mit den Zähnen knirschen, mit einem Gegenstand über etwas kratzen, so daß ein unangenehmer Ton entsteht
kröche, trocken husten
Kröchhoste, m, trockener Husten
Kröck, w, Mz **-e,** Krücke; Türklinke
Kröck, w, verwachsene Person

Krohl, w, Mz **-e,** Krähe
kröll, kröllich, kraus
krölle, kräuseln
Kröllkopp, m, Mz **-köpp,** Krauskopf
Krölltubak, m, krausgeschnittener, grober Tabak
Krom, w, Mz **-e,** Brotkrume
Krom, m, Mz **Kröm,** Kram, Kramladen
Krömche, s, Mz **-r,** kleiner Kramladen
krome, kramen
Krometsvugel, m, Mz **-vüjjel,** Krametsvogel
Kromm, w, Mz **-e,** Sichel; m, krummbeiniger Mensch
kromm, krumm
Krömmde, w, Krümmung
krömme, krümmen
Krommstivvel, m, Mz **-e,** krummbeiniger Mensch
Krönzel, w, Mz **-e,** Stachelbeere; zimperliche Frau
Krönzeletaat, w, Mz **-e,** Stachelbeertorte
Krooch, m, Mz **Kröch,** Krug
Kröötsch, w, Mz **-e,** stets kränkelnde, zimperliche Person
kröötsche, klagen, kränkeln, sich krank stellen oder sich eine Krankheit einbilden
Kropp, m, Mz **Kröpp,** Kropf; Kopfsalat
Kröppel, m, Mz **-e,** Krüppel
Kröpper, m, Kropftaube
Kroppkääl, m, Mz **-s,** verkrüppelter, unansehnlicher Mensch
Kroppschlot, s, Kopfsalat
Kroppzüch, s, grobes, schlechtes, mangelhaftes Zeug
Kros, m, Durcheinander, viel Arbeit
Krosarbeit, w, allerhand kleine, auch schwierige und langwierige Arbeit
krose, anhaltend, rastlos arbeiten; bald hier, bald dort arbeiten
Krot und **Karot,** w, Mz **-e,** rote Rübe
Krott, m, Mz **Krött,** kleiner Junge
Krottaasch, m, kleine Person
krottich, klein, unansehnlich
Krövelche, s, Mz **-r,** kleine, unansehnliche Frau
Kruck, s, Sirup

Kruck, s, Mz **Kräuder,** Kraut
Krückche, s, Mz **-r,** Kräutchen
Kruckedill, s, Mz **-e,** Krokodil
Kruckpaasch, w, Mz **-e,** Obstpresse
Kruckstoppe, m, kleine, gedrungene Person
Kruckwösch, m, Mz **-wösch** und **-wösche,** Krautwisch, Feldblumenstrauß
krüddelich, mißlaunig, verdrießlich
Kruffähze, Mz, Straucherbsen
Kruffbunne, Mz, Strauchbohnen
kruffe, kriechen
Kruffes, s, Mz **-e,** Weste ohne Ärmel; kleines Zimmer
Kruffhohn, s, Mz **-höhner,** Zwerghuhn; kleine, langsame, unansehnliche Person
krugge, jäten
Krun, w, Mz **-e,** Krone
Krunleuchter, m, Kronleuchter
Krünkel, m, Mz **-e,** zerknitterte Stelle im Stoff
krünkele, Stoff brüchig falten, knittern
krünkelich, verdrückt, zerknittert
Krupp, m, Bräune, Keuchhusten
Krus, w, Mz **-e,** Krause
krüsele, kräuseln
Krütz, s, Mz **-er,** Kreuz
krütze, sich bekreuzen
Krützeras, s, Kreuzas
Krützerboor, m, Kreuzbauer
Krützerkünning, m, Kreuzkönig
Krützhammer, m, Mz **-hämmer,** Kreuzhammer
Krützmariasch, w, Kartenspiel
Krützspenn, w, Mz **-e,** Kreuzspinne
kruus, kraus
Kruuskopp, m, Mz **-köpp,** Krauskopf
Küche und **Küchelche,** s, Mz **-r,** junges Huhn, Küken
kuckele, sich kugeln, sich vor Lachen schütteln
Kuckelebaum, m, Mz **-bäum,** Purzelbaum
kuddele, unordentlich arbeiten
Kuddelmuddel, m, Durcheinander, Unordnung, verworrene Geschichte

Kudderwelsch, s, Kauderwelsch, unverständliches Gerede
Kühl, m, Kohl
Kühm, m, Gestöhne
Kühmbroder, m, Mz **-bröder,** jemand, der immer klagt und stöhnt
kühme, ächzen, stöhnen, wehklagen
Kühmerei, w, fortwährendes Klagen und Stöhnen
kujeneere, mißhandeln
Kul, w, Mz **-e,** Kaule, Grube
Külche, s, Mz **-r,** Grübchen
Küles, m, Mz **-e,** dummer, einfältiger Mensch
Küleskopp, m, Mz **-köpp,** dicker, ausdrucksloser Kopf
Kuletsch, m, Lakritz
Kuletschhot, m, Lackhelm der Polizisten
Külkopp, m, Mz **-köpp,** Kaulquappe
Kullech, m, Mz **-je,** Kollege, Amtsgenosse
Kumede, w, Komödie
Kumediant, m, Mz **-e,** Schauspieler
Kumfeck, s, Konfekt, Backwerk
Kumferenz, w, Mz **-e,** Beratung
Kumflick, m, Mz **-te,** Streitigkeit
Kumfrater, m, Mz **-e,** Amtsbruder, bes. bei Geistlichen
kumfus, verlegen, wirr
Kumitee, s, Mz **-s,** Komitee, Ausschuß, Sitzung
kumme, kommen
Kummedeer und **Kummandeer,** m, Bestellung; befehlshaberisches Wesen, gebieterischer Ton
kummedeere und **kummandeere,** befehlen, gebieten
Kumedeererei, w, gewohnheitsmäßiges Befehlen
Kummelekant, m, Mz **-e,** Kommunikant, Teilnehmer am Abendmahl
kummelezeere, kommunizieren, zum Abendmahl gehen
Kummeljon, w, Kommunion, Abendmahl
Kumod, w, Mz **-e,** Kommode
kumod, bequem, gemächlich, behaglich
Kump, w, Mz **Kümp** und **Kumpe,** Schüssel
kumpack, dicht, gedrängt
Kumpanei, w, Mz **-e,** Gesellschaft, Kompanie, Sippe

Kumpaneischaff, w, Gesellschaft, Geschäftsbeteiligung
Kumpanjong, m, Mz **-s,** Gesellschafter, Teilhaber
Kumplement, s, Mz **-e,** Höflichkeitsbezeigung durch Worte, Schmeichelei, Verbeugung
kumplementeere, begrüßen, höflich willkommen heißen, Umstände machen
Kumplementemächer, m, gezierter Mensch; jemand, der viele Umschweife macht
kumplett, vollständig
kumpletteere, vollständig, vollzählig machen, ergänzen
Kumpliet, w, Komplet, Abendandacht
kumplizeere, verwickeln, verwirren
Kumplott, s, Mz **-e, Kumplöttche,** s, Mz **-r,** Menschenhaufen, Versammlung, die sich beraten will oder einen Anschlag plant
Kumpott, s, Obstmus
Kumpress, w, Mz **-e,** Kompresse
kundeleere, Beileid bezeugen, tröstend zusprechen
Kundizion, w, Mz **-e,** Bedingung, Lage, Stand, Stellung, Dienstverhältnis
Kunjak, m, Kognak
kunkele, heimlich schwatzen, Pläne schmieden
kunkereere, wetteifern
Kunkerenz, w, Mz **-e,** Wettbewerb
Kunn, Künn, s, Kunigunde
Künning, m, Mz **-e,** König
Kuns, w, Mz **Künste,** Kunst
Kunsens, m, Zustimmung, Erlaubnis
kunsequent, beständig, folgerecht, gleichbleibend
Kunsilium, s, beratende Versammlung
Künsler, m, Künstler
Kunsoll, w, Mz **-s,** Konsole, Stütze, Tragegestell
kuntant, freundschaftlich, vertraulich, zufrieden
Kunterbaß, m, Mz **-bäß,** Kontrabaß
Kuntor und **Kantor,** s, Mz **-e,** Kontor, Schreibstube
Kuntoriß und **Kantoriß,** m, Mz **-riste,** Kontorist, Schreiber
Kuntrack, m, Mz **-te,** Vertrag, Übereinkommen
Kuntraß, m, Mz **-ste,** Gegensatz

Kuntroll, w, Kontrolle
kuntrolleere, überwachen, nachsehen, prüfen
Kunzät, s, Mz **-e,** Konzert
Kunzep, s, Mz **-te,** Konzept
Kupp m, Haufen, Menge
Küpp, w, Mz **-e,** Oberteil des Hutes, Unterteil eines Kochkessels
kuppe, häufen
Kupplersch, w, Mz **-e,** Kupplerin
Kurall, w, Mz **-e,** Koralle
Kurasch, w, Mut
kureck, fehlerfrei, kunstgerecht, regelrecht
kureere, heilen
Kurent, w, Mz **-e,** Korinthe
Kurentebrütche, s, Mz **-r,** Weißbrot mit eingebackenen Korinthen
Kurentekacker, m, Geizhals, Kleinigkeitskrämer, Knauser
kurjos, eigentümlich, sonderbar, wunderlich
Kürmel, m, Haufen, Menge
Kurvel, w, Mz **-e,** Kurbel, Drehschwengel
kusch!, still!, lautlos, verzagt, ängstlich
kusche, stillhalten, stilliegen, beschwichtigen
Kuschlemusch, m, Durcheinander; Gericht aus Stockfisch, Kartoffeln und Zwiebeln
Kuschtei, w, Mz **-e,** Kastanie
kuschteiebrung, kastanienbraun
kuschtich, ruhig, still!
Kusel, w, Mz **-e,** unreinliche Frauensperson
kusele, unordentlich und unsauber arbeiten
Kuselei, w, Mz **-e,** nachlässige, schmutzige Arbeit
kuselich, ärmlich, ekelerregend, schmierig, schmutzig, unordentlich, zerknittert
Kuvät, s, Mz **-s,** Kuvert, Briefumschlag
Küvel, m, Mz **-e,** Kübel
Kuvent, m, Mz **-e,** Konvent, Kloster, Stift für alte Leute
Kuventsmöhn, w, Mz **-e,** Konventsbewohnerin

L

Laachduv, w, Mz **-e,** graue Turteltaube
laache, lachen
Laachkramp, m, Mz **-krämp,** Lachkrampf
Labberdönche, s, Mz **-r,** Brustvorhemd
Labberitz, m, Mz **-e,** einfältiger Mensch
Labbes, m, Mz **-e,** läppische Person
Läbdag, m, Lebtag; **mie Läbdesdag,** in meinem Leben
labereere, laborieren, planlos, schlecht arbeiten
lackeere, lackieren; anführen, zum besten halten
Lackmos, s, Lackmusbläue
Lad, w, Mz **-e,** Fensterlade, Sarg
lade, laden
lädeere, beschädigen
Laderüttche, s, Mz **-r,** zum Öffnen eingerichtete Fensterscheibe an Zahlstellen, in Kaufläden usw.
Ladeschwengel, m, Mz **-e,** Ladendiener
laff, laff, fade, flau, unschmackhaft; feige
Läffel, m, Mz **-e,** Löffel
läffelcheswies, löffelweise
läffele, löffeln; liebeln
Läffelseng, s, Löffelende; große Entfernung
lahme, lahmen
Lähn, w, Mz **-e,** Geländer, Lehne
lähne, lehnen
läje, legen
Lake, s, Bettleinen, Wolltuch
Lällbeck, m, Mz **-e,** junger, unerfahrener Mensch
Lamente, Mz, Geschrei, Jammer, Wehklagen
lamenteere, jammern, klagen, sich beschweren
Lämmetsjaan, s, Lampendocht
Lampett, w, Mz **-e,** Waschwasserkanne
Lampettekump, w, Mz **-e** und **-Kümp,** Waschwasserschüssel
Landkumfeck, s, geschmacklos aufgeputztes Landvolk
lang und **langk,** lang
Läng und **Längde,** w, Länge
längdelang, längelank, der Länge nach

länge, längen, Flüssigkeit verdünnen
Längeling, m, hochgewachsener, hagerer Mensch
langlevvich, lang lebend, kerngesund
Langschlöfer, m, Langschläfer
lans, längs, vorbei
lansenander und **lansenein,** aneinander vorbei
Lansenein, m, Mensch mit X-Beinen
lansjon, vorbeigehen
Lantän, w, Mz **-e,** Laterne
Lantänepol, m, Mz **-pöl,** Laternenpfahl
lantsam, langsam
Läppchesdeck, w, Mz **-e,** eine aus Läppchen zusammengenähte Decke
Lappe, m, Lappen; Schuhsohlen
lappe, ausbessern, flicken, Schuhe sohlen; **der Sack -,** für den Schaden aufkommen, den Nachteil haben
läppere, vor und nach zusammenfinden
Lappledder, s, Sohlleder
Lappöhrche, kleine Arbeit, Flickarbeit, Kleinigkeit
läppsch, läppisch, fade
lärme, lärmen
Läsch, w, Mz **-e,** Einsatzstück an Hemden
lasche, verlängern, aneinanderschmieden
Läschemmer, m, Mz **-e,** Feuereimer
Läschhoon, s, Mz **-höner,** Kerzenlöscher; rote Nase
Läschpapeer, s, Fließpapier
Laß, w und m, Mz **Laste,** Haufen, Last, Menge
Lating, s, Latein
latingsch, lateinisch
Latsch, w, Mz **-e,** schlaffe, schlampige Frau
latsche, schlaff, schlampig gehen
latschich, einfältig, schlaff, schlampig
Latz, w, Mz **-e,** Latte; **op de - suffe,** auf das Kerbholz, auf Borg trinken
latze, zahlen
Latzendresser, m, hochgewachsener, hagerer Mensch
läu, lau, faul, einfältig
Läuchelche, s, Schnittlauch
Laufe, s, Durchfall

Läufersche, w, stets außer dem Haus zu findende Frau
läufich, laufend, brünstig, triefend
läumele und **läumere,** langsam schlendernd rollen
lausich, böse, schwierig
lausije Saach, w, schwierige, unangenehme Sache
Lauskäl, m, Mz **-s,** frecher, gemeiner Kerl
Lauv, w, Mz **-e,** Laube
Lauv, s, Laub
Läuv, w, Mz **-e,** Speicher
Läuvefinster, w, Mz **-e,** Speicherfenster
laveere, lavieren, nach den Verhältnissen richten
Lavumm, w, Mz **-e,** Tambourin; Hintern
Laxeer, m, Abführen, dünner Stuhlgang
laxeere, abführen
leck, undicht
Leckerjots, s, Zuckerzeug
Leckermüffelche, s, Mz **-r,** leckerer Imbiß, Gericht für Feinschmecker
Leckersch, s, Leckerbissen, Zuckergebäck
Ledder, s, Leder
ledderweich, lederweich
leddich, leer, ledig
leech, leicht
Leech, s, Mz **-ter,** Licht; Kerze, Lampe
Leechmeß, Fest Mariä Lichtmeß
Leechtichkeit, w, Leichtigkeit
Leed, s, Mz **-er,** Lied
Leederbooch, s, Mz **-böcher,** Liederbuch
Leederheff, s, Mz **-hefter,** Liederheft
Leer, w, Mz **-e,** Leier
Leermann, m, Mz **-männer,** Leiermann, Orgeldreher
leev, lieb
Leev, w, Liebe
Leevche, s, Mz **-r,** Liebchen, Liebste; gemeines Frauenzimmer, Taugenichts
leevhalde, liebhalten, herzen
Leevste, m und w, der und die Liebste
lehre, lehren
Lei, m und w, Mz **-e,** Dachschiefer, Schiefertafel

leich, leicht
Leich, w, Mz **-e,** Leiche
leide, leiten
Leider, w, Mz **-e,** Leiter
Leienad, m, Leonhard
Leiendecker, m, Schieferdecker, Dachdecker
Leim, m, Lehm
leime, lehmig; leimen; anführen, zum besten haben
Leimkul, w, Mz **-e,** Lehmgrube
leje, lügen
Lena und **Len,** s, Helene, Magdalena
lengelahm, lendenlahm
Lepp, w, Mz **-e,** Lippe
leschär, leicht, beweglich, behende
lese, lesen
Leß, w, Mz **Leste,** List
lestich, listig
letsche, ausrutschen, gleiten; beim Reden mißfallen
letschich, glitschig
Letschpolver, s, Talkpulver
lettich, aufgeweicht, lehmig
Letz, w, Mz **-e,** Litze
letz, letzt, neulich
Leviterock, m, Mz **-röck,** Gewand der kath. Diakone
Levve, s, Leben
levvelang, lebenslang
Levvenszick, w, Mz **-zigge,** Lebenszeit
Levver, w, Mz **-e,** Leber
Levverflecke, m, braune Hautflecken
Levvertron, m, Lebertran
Levverwoosch, w, Mz **-wöösch,** Leberwurst
Lid, s, Mz **-der,** Augenlid; Gelenk, Glied
Lidderjan, m, liederlicher Mensch
lidderlich, liederlich
Liebche, s, Geliebte; gemeines Frauenzimmer; verbummeltes Subjekt
Liem, m, Leim
lieme, leimen
Liemfärv, w, Leimfarbe

Liempott, m, Mz **-pött,** Leimtopf
Lien und **Karlien,** s, Karoline
liere, lernen
lies, leise, wenig
Lies, w, Mz **-te,** Einfassungsrahmen, Leiste
Lies, m, Mz **-te,** Schusterleisten
Liestenbroch, m, Mz **-bröch,** Leistenbruch
Liev, m und s, Mz **-er,** Leib
Lievje, s, Mz **-r,** Leibchen, Weste, Unterjacke
Lievjesbotz, w, Mz **-e,** Kinderhose mit Leibchen
ligge, leiden
lihne, leihen
Lihnjeld und **Lihjeld,** s, Leihgeld
lijeere, legieren
lijje, liegen
Lilje, w, Lilie
Limenör, m, Limburger Käse
Ling, w, Mz **-e,** Leine
Lingche, s, Mz **-r,** dünnes Seilchen
Linge, s, Leinen
Lingedänzer, m, Seiltänzer; tänzelnd gehende Person
Lingewand, w, Leinwand
Lingewevver, m, Leinenweber
Lingöl, m, Leinöl
Linijal, s, Mz **-e,** Lineal
Lins, w, Mz **-e,** Linse
Lis, Lisje, Lisbeth, Lisett, s, Elisabeth
Livverant, m, Mz **-e,** Lieferant
livvere, liefern
Livverei, w, Dienstbekleidung
Livverung, w, Mz **-e,** Lieferung
Livverzick, w, Mz **-zigge,** Lieferzeit
löbbele, lutschen
Lochieser, s, Mz **-e,** Locheisen
löcke, glücken
löckele, Locken frisieren
Löckelieser, s, Mz **-e,** Lockenbrennschere
Lockmeis, w, Mz **-e,** Lockmeise, Lockvogel
loddere, ohne Fleiß arbeiten, bummeln, schlendern

lodderich, nachlässig, verlottert
Lodderjan, m, nachlässiger Mensch, Müßiggänger
Loch, w, Mz **-ge,** Lage
Löch, w, Mz **-e,** Lüge
Löhrer, m, Gerber
Löjer, m, Lügner
Löjersche, w, Lügnerin
Looch, m, Lug
Looch, w, Luft
Lööch, w, Mz **Lööchte,** Laterne, Leuchte
Löochbrett, s, Mz **-bredder,** Ablaufbrett am Spülstein
lööchte, leuchten
Lööchtepol, m, Mz **-pöl,** Laternenpfahl
Lööchwürmche, s, Mz **-r,** Johanniskäfer; krank aussehende, sehr magere Person
Löömerich, m, fauler, phlegmatischer Mensch
Loor, s, Laura
Loor, w, Lauer
loore, lauern
Loorloch, s, Mz **-löcher,** Guckloch
Loosch, w, Mz **-e,** Loge
Loschement, s, Mz **-e,** Herberge, Unterkommen
Loß, w, Lust
loße, lassen
loßhan, loshaben, etwas verstehen
loßjon, losgehen, sich ablösen
loßkööschtich, mit loser Kruste
loßleddich, unverheiratet
loßlievich, Durchfall haben; hungrig sein
Loßmichjon, m, träger, willenloser Mensch
loßpöttele, losklauben
löstich, lustig
Lötsch, w, Mz **-e,** Schnuller; lange Tabakspfeife
lötsche, lutschen, saugen
Lott, Lottche, s, Charlotte
Lotterbov, m, Mz **-e,** Lotterbube, Lümmel
Lotterboverei, w, Mz **-e,** Jungenstreich, Lümmelei
Löv, m, Löwe
Lov, s, Lob

lovve, loben
Lüchpitter, m, Gewohnheitslügner
Lück, Mz, Leute
Luck, w, Mz **-e,** Luke, Öffnung
Ludder, m, schaumige Lauge
luddere, Wasser zu Schaum schlagen
Luff und **Looch,** w, Luft
lüfte, lüften
luftich, leicht, leichtsinnig; locker
lugge, lauten, tönen
lügge, läuten
lühe, löten
Luhjerver, m, Lohgerber
Lühkolve, m, Lötkolben
Luhn, m, Lohn, Vergeltung
luhne, lohnen
lühne, löhnen
Lühovve, m, Mz **-övve,** Lötofen
Lui und **Lutz,** m, Ludwig; Zuhälter
Luis und **Luisje,** s, Luise
Lummer, w, Lummer, Lendenfleisch
Lungenbroder, m, Mz **-bröder,** Mitglied der Alexianer-Krankenpfleger-Bruderschaft
Lungepief, w, Luftröhre
Lungjines, m, langer aufgeschossener Mensch
Lunt, w, Mz **-e,** Lunte
Lünt, w, Mz **-e,** Schweine-Nierenfett zum Auslassen
luppich, hinterlistig, tückisch
lus, artig, klug, listig, nett
luscheere, logieren
Luschi, s, Mz **-s,** Logis
luse, lausen; überlisten
lüse, lösen
lusich, lausig; eigentümlich, unangenehm
Luuskamm, m, Mz **-kämm,** Staubkamm
Lut, s, Lot
lütte, stehlen, wegnehmen
lutwies, lotweise, in kleinen Teilen, vor und nach
Luun, w, Laune

luunich, launig
Luus, w, Mz **Lüs,** Laus
luusch, lüsch und **luuschich,** aufgebauscht, locker, lose, schlaff, schwammig, weich, welk
luusche, lauschen
Luuschhöhnche, s, Mz **-r,** Schilfhuhn; Schlaukopf, der auf versteckte Weise seine Zwecke zu erreichen sucht
luustere, horchen, lauschen
luuter, immer, fortwährend, lauter, stets
Luzei, s, Lucia

M

Maach, w, Mz **Mächte,** Kraft, Macht
maache, machen
Maal, s, Amalie
Maat, m, Mz **Määt,** Markt
Määtes, m, Martin
Maatkorv, m, Mz **-körv,** Marktkorb
Maatpries, m, Marktpreis
Määz, m, März
Määzerbise, Mz, Märzschauer mit Schnee oder Hagel
mächtich, mächtig, viel; zu kräftige, fette Speisen
Mäd, w, Mz **-e,** Magd
Mädche, s, Mz **-r,** Mädchen
Mädchesläufer, m, Junge, der gern mit Mädchen spielt
Maddeleen, s, Magdalena
maggele, tauschen, heimlich handeln
Maggementche, Mankementsche, s, Fehler, Versehen
Mähl, s, Mehl
Mahnbref, m, Mz **-e,** Mahnbrief
Maibaum, m, Mz **-bäum,** Fliederbaum; Baumzweig zur Ausschmückung des Hauses beim Maifest
Maiblom, w, Mz **-e,** Fliederblüte
Maifesch, m, Mz, **-e,** Maifisch, Alse
Maikätzje, s, Mz **-r,** Blüte der Haselstaude
Maikevver, m, Mz **-e,** Maikäfer
Mairän, m, Mairegen
Mairiedich, m, Mz **-ge,** Meerrettich
Majister, m, Lehrer
Majistersch, w, Lehrerin; belehrend sprechende Frau
Maketendersch, w, Mz **-e,** Marketenderin
Makriel, w, Mz **-e,** Makrele
Mäl, w, Mz **-e,** Drossel
Maläste und **Moleste,** w, Beschwerde, Unbehagen
malätzich, abgemattet, mager, übel
Malätzichkeit, w, Abmattung, Übelkeit
Mälcher, m, Mz **-e,** Milchner
Malder, s. Malter
Maldersack, m, Mz **-säck,** Kornsack für ein Malter

mallich, jeder
Malör, s, Mz **-e,** Unglück, unangenehmer Vorfall
malträteere, roh oder schlecht behandeln
Mamm, w, und **Mämmche,** s, Mutter und Mütterchen
Mämm, w, Mz **-e,** Frauenbrust
Mämmche, s, Mz **-r,** kleine Frauenbrüste
Mämmendrück, w, Frau mit sehr starken Brüsten
Mämmespektakel, -spill, s, starke Frauenbrüste
Mämmestipper, m, Büstenhalter, Korsett
Mamsell, w, Mz **-s,** Fräulein
mänch, manch
mäncheiner, manch einer
mänchmol, manchmal
Manes, m, Hermann
Mang, w, Mz **-e, Mängche,** Mz **-r,** Mande, großer Korb ohne Henkel und Deckel
mängeleere, mengen, mischen
mangs, weich, samtartig
mankeere, fehlen, verfehlen
Männ, m, Kosewort für Männer und Jungen
Mannsbild, s, Mz **-er,** Mann
Mannshühde, w, Mannsgröße
Mannskäl, m, Mz **-s,** männliche Person
Mannslängde, w, Mannslänge
Mannslück und **-lügge,** Mz, Männer
Mannsminsch, s, Mz **-e,** Mann
Marell und **Morell,** w, Mz **-e,** Morellenkirsche
Maria Sief, Mariä Heimsuchung; der Volksmund sagt, wenn an diesem Tag Regen fällt (sieft = trieft), regnet es 40 Tage lang
Maricketring, s, Maria-Katharina
Marizenbill, s, Maria-Sybilla; stehende Figur im Kölner Puppentheater
Marjann, -che, s, Marianne
Märjenbild, -che, s, Marienbild
markeere, kennzeichnen, stempeln, markieren
Marmel, m, Marmor
marmeleere, marmorieren, marmorartig bemalen
marot, krank, unwohl

marschtich, auf der Stelle, marsch voran, sofort
maskeere, maskieren, verkleiden, vermummen
Mass, w, Haufen, Masse, Menge; Mästung
Mass, m, Mz **Maste,** Mastbaum
Massdärm, m, Mastdarm
massekreere, niedermachen, umbringen
Matän, m, Maternus
Matant, w, Mz **-e,** Tante
Mätensförche, s, Mz **-r,** Martinsfeuer
Materjal, s, Material
Matsch, w, Mz **-e,** dickes faules Frauenzimmer
Matsch und **-krom,** m, schlammiger Dreck
Matschann, s, Person, die gerne im Wasser plantscht, sich mit Getränken und Speisen beschüttet und beschmutzt; feistes Frauenzimmer
matsche, Flüssigkeit auf unmanierliche Weise mit den Händen umrühren oder verschütten, kneten
Matschö, m, Matthäus
Mattes, m, Matthias; Mut, Kraft
Matz, w, Mz **-e,** ungesäuerter Mehlkuchen der Juden
Matzejebäcks, s, Plunder
Mau, w, Mz **-e, Mäuche,** s, Mz **-r,** Ärmel, Ärmelchen
mau, unwohl
maue und **miaue,** miauen
Mauschel, m, Mz **-e,** Spottname für Juden
mauschele, handeln, besonders im Tausch
Mechel, m, Michael
Meddaach, m, Mittag
Meddachsmohlzick, w, Mz **-zigge,** Mittagessen
Medde, w, Mitte
Meddcl, s, Mittel
Meddelmoß, s, Mittelmaß
Meddelschlaach, m, Mensch von mittlerer Größe
Meddelsmann, m, Vermittler
Meddelzoot, w, Mz **-e,** mittlere Sorte
meddendrenn, mittendrin
meddsen, mitten
meede, mieten
meer, wir; mir

Meet, m und w, Miete
Meetslück, Mz, Mieter
Mehlwurm, m, Mz **-würm;** Mehlwurm; Spottname für Bäcker; stehende Figur im Kölner Puppentheater
mehschte, am meisten
mehschtendeils, größtenteils
mehschtens, meistens
meistere, überwältigen, bewältigen
Melcher, m, Melchior
meld, mild, weich, leise, wenig
meldere, mildern
meleere, mischen
Melekatömmelche, s, Mz **-r,** Pfirsich
Melkemmer, m, Mz **-e,** Milcheimer
Melz, w, Milz
mendere, vermindern
menge, mengen
mengeleere, mengen, mischen, vermengen
mengeleet, gemischt
mer, man
merkwödich, merkwürdig
Mespel, w, Mz **-e,** Mispel
Meß, w, Mz **Messe,** Messe
Meß, m, Mist
meßaachte, mißachten
meßbeede, mißbieten, unterbieten
Meßbett, s, Mz **-bedder,** Mistbeet
messe, missen; messen
Messbooch, s, Mz **-böcher,** Meßbuch
Messejung, m, Mz **-e,** Meßdiener
Meßjaffel, w, Mz **-e,** Mistgabel
Meßjeboot, w, Mz **-e,** Mißgeburt
meßjelde, mißgelten
Meßjreff, m, Mz **-e,** Fehlgriff
meßjünne, mißgönnen
Meßjuns, w, Mißgunst
meßmödich, mißmutig
meßrode, mißraten
Meßwaas, m, Mißwuchs, Mißernte

meste, düngen, misten
Mestekar, w, Mz **-e,** Mistkarre
Mestekul, w, Mz **-e,** Mistgrube
Mestepohl, m , Mz **-pöhl,** Mistpfuhl
met, mit
metbedde, mitbeten; mitbieten, herabdingen
meteins, sofort, sogleich
metenander, miteinander
metenein, miteinander
Metesser, m, mitessende Person; Hautunreinigkeit
Metligge, s, Mitleiden
metliggich, mitleidig
metsamp, insgesamt, mitsamt
Metz, s, Mz, **-er,** Messer
Meubel, s, Mz **-e,** Möbelstück
midezineere, in ärztlicher Behandlung sein
mie, mein
Miebes, m, Bartholomäus
Miel, w, Mz **-s,** Meile
Mielewieser, m, Meilenstein
Mien, w, Mz **-e,** Miene
Mien, Mienche und **Mina,** s, Wilhelmine
mih, mehr
mihe, mähen
Miher, m, Mäher
mihrendeils, größtenteils
Miletärzaldat, m, Mz **-e,** scherzhaft für Soldat
Mill und **Milla,** s, Emilie
Millezing und **Midezing,** w, Medizin, Arznei
Millijon, w, Mz **-e,** Million
Mimche, s, Mz **-r,** kleine Katze
Mimche und **Mimmelche,** s, Mz **Mimcher** und **Mimmelcher,** kleine zarte Frauenbrust
ming, meine
mingersicks, meinerseits
mingesjliche, meinesgleichen
mingethalver, meinethalben
mingetwäje, meinetwegen
Minsch, m, Mz **-e,** Mensch

Minsch, s, Mz **-er,** Dirne
Minschelevve, s, Menschenleben
minschemüjjelich, menschenmöglich
Minschespill, s, Menschenmenge
Minschewäul, m, Menschengewühl
Mis, w, Katze
Mitz, w, **Mitzje,** s, Mz **-r,** Bezeichnung für Katzen
Mitzje, m, Mz **-r,** kleine Frauenbrust
Möbbel, m, und **Möbbelche,** s, dickes Kind
möbbelich, dick, rund, fleischig
Möbel, s, verächtliche Bezeichnung für Frau
möbeleere, möbelieren
möbleeten Här, m, ein Herr, der auf einem möblierten Zimmer wohnt
Möck, w, Mz **-e,** Mücke
mocke, mucksen, rühren, bewegen
Möckefett, s, Mückenfett = nichts
Möckeföttche, s, Mz **-r,** Mückenhintern, winzige Sache
Möckepeß, s, sehr feiner Regen
möd, müde
mode, zomode, zumuten
möde, morden
Modelement, Mordelement
Moder, w, Mz **-e,** Mutter
Möder, m, Mörder
Moderdeer, s, Mz, **-e,** Muttertier
Moderschkind, s, Mz **-er-** Mutterkind, Lieblingskind
Moderschkning, s, weibliches Kaninchen
Moderschpott, m, Mutters Kochtopf; Heimat
Moderschson, m, unehelicher Sohn
Moderschsönche, s, Mz **-r,** Muttersöhnchen
modersillichallein, ganz allein
modich, mutig
Mödichkeit, w, Müdigkeit
Modsjung, m, Mz **-e,** tüchtiger, gewandter Junge
Modskääl, m, Mz **-s,** Mordskerl
Möff, m, fauler Geruch, stinkende Blähung
möffe, stark furzen
möffich, moderig, schimmelig, übelriechend

Möh und **Möhte,** w, Mühe
Möhn, w, Mz **-e,** Muhme, Tante, ältere Frau mit Dreieckskopftuch; läppischer, willenloser Mensch
Möhnejrößer, m, dienstfertiger, weibischer Mann
Möhnetrüster, m, Altweibertröster
Möhnewibbel, m, Tanz
Mohr, w, Mz **Murre,** Möhre
möhsillich, mühselig
mokeere, sich lustig machen, verhöhnen, auslachen
Mol, s, Mz **-e,** Malzeichen, Flecken
mol, mal
mole, malen
Moler und **Möler,** m, Maler
Molerei, w, Mz **-e,** Malerei
Moleste, Mz, Beschwerden, Ungelegenheit, Verdruß
molesteere, belästigen, ruinieren, verderben
Moll, m, Mullgewebe
Möllche, s, Mz **-r,** dickes, rundliches Kind
mollich, sanft, weich, zart
Mölm, m, staubige Erde, Holzfäule, Schutt, Müll
mölme, zu Staub zerreiben
mölmich, staubig, schmutzig
mölsche, betasten; mischen, vermengen
Molzick, w, Mz **-zigge,** Mahlzeit
momentan, augenblicklich, sofort
Mömmes, m, Mz **-e,** angetrockneter Nasenschleim
Mömmesfresser, m, geiziger Mensch
Mond, m, Mz **-e,** Mond; Monat
Möndche, s, Mz **-r,** halbmondförmiges Plätzchen
mondjeck, mondsüchtig
Mondsching, m, Mondschein; Glatze
Moneete, Mz, Geld
Montor, w, Mz **-e,** Anzug, Montur
Mopp, m, Gesindel, Pöbel
Mopp, w, Mz **-e,** kleiner runder Lebkuchen
Möpp, m, Köter; **fiese –,** widerwärtiger Mensch
möpse, morden, umbringen
Mor, w, Mz **-e,** Mauer
more, mauern

Morer und **Mörer,** m, Mz **Mörer,** Maurer
Morlatz, w, Mz **-e,** Mauerrichtlatte
Morpuleer, m, Mz **-e,** Maurerpolier, Bauaufseher
Mos, s, Moos
Mösch, w, Mz **-e,** Spatz
Möscheneß, s, Mz **-nester,** Sperlingsnest
Moss, m, Most
Moß, w, Mz **-e,** Maß, Maßgefäß
Moßekann, w, Maßkrug
mößich, müßig
Mostert, m, Senf
Mostertploster, s, Senfpflaster
Mostertzaus, w, Senfsoße
Mot, m, Mut
motmoße, mutmaßen
Motwelle, m, Mutwillen
motwellich, mutwillig
Mötz, w, Mz **-e,** Mütze, Kappe
Muck, w, Mucke
Muddel, m, trübe Flüssigkeit, Unklares
muddele, eine Flüssigkeit verschlammen, trübe machen
muddelich, schlammig, trübe
Muffel, m, **Müffelche** und **Mümfelche,** s, Bissen, Imbiß
müffele und **mümfele,** langsam, mit Behagen essen
Muffes, s, übelriechender Raum
Muffes, m, einsilbige, mürrische Person
muggelich, behaglich, zart, hübsch, fleißig
müjje, mögen
müjjelich, möglich
Mul, w, Mz **Müler,** Mund, Maul; **en fette –,** guter Schmaus; **en jroße – han** und **de – voll han,** prahlen, viel versprechen; **nit op de – jefalle sin,** zu antworten wissen; **– vör han,** mit dem Maulwerk voran sein
mule, maulen, schmollen
Mulfechter, jemand, der gut sprechen, verteidigen oder disputieren kann
Mulieser, s, Maultrommel
Mulwerk, s, Maulwerk, Fertigkeit im Reden
mümfele, Kleinigkeiten langsam essen

mummele, murmeln, unverständlich sprechen
Mung, m, Mz **Müng,** Mund
Müngche, s, Mz **-r,** Mündchen; **– jevve,** einen Kuß geben
müngchesmoß, mundgerecht, wie gewünscht
munge, munden
Mungk, m, Mz **Müng,** Mund
Mungfräär, m, Bruder im geistlichen Stand
mungkav, mundab, knapp bemessen
Munnes, m, mürrischer, übelgelaunter Mensch
Münnich, m, Mz **-e,** Mönch
Munsterdeer, s, Mz **-e,** Untier
munstere, mustern
Munsterung, w, Musterung
Munstranz, w, Mz **-e,** Monstranz
Munstrum, s, Monstrum
munteere, montieren, zusammenstellen, einkleiden
Munteerung, w, Zusammensetzung einer Maschine
münze, zielen, bezwecken
Muraß, m, Morast
murkele, warm einwickeln
murkse, morden, umbringen; schlecht arbeiten
Murre, Mz, Möhren
Murrekopp, m, Mz **-köpp,** Mohrenkopf
muschele, mit jemand heimlich tun, sich verabreden, leise sprechen
muse, mausen, herumstöbern
Museium, s, Museum
Musel, w, Mosel; m, Moselwein
musich maache, aufmucken
Müsjer fange, an Haustüren aus Scherz klingeln
müsjesstell, mausestill
Musjö, m, Herr
Mutz, w, Mz **-e,** Tonpfeife
muusdut, mausetot
Muusjeff, s, Mäusegift
muusklörich, mausfarbig
Muusköttel, m, Mz **-e,** Mäusekot
Muusloch, s, Mz **-löcher,** Mauseloch
Muusweize, m, vergifteter Weizen zur Mäusevertilgung

Muuz, w, Mauser
muuze, mausern; mürrisch, verdrießlich sein
Muuzemändelche, s, Mz **-r,** Karnevalsgebäck
Muuzepuckel, m, hoher Rücken, Katzenbuckel
muuzich, mürrisch, schlecht gelaunt

N

nä und **enä,** nein
Naach, w, Mz **-te** und **Näächte,** Nacht
Naache, m, Nachen
naaks, nachts
Naakshemb, s, Mz **-hemder,** Nachthemd
Naaksjeschärr, s, Mz **-e,** Nachtgeschirr
Naaksleech, s, Mz **-ter,** Nachtlicht
Naaksmötz, w, Mz **-e,** Nachtmütze
Naaksstohl, m, Mz **-stöhl,** Stuhl mit Nachtgeschirr
Naaksül, w, Mz **-e,** Nachteule; Nachtschwärmer
naaß, naß
Naaz, m, Ignaz
nack, nackt
Nackaasch, m, Mz **-ääsch,** nackter Hintern, armer Teufel
nacke Krom, m, ärmliche Zustände
Nades, m, Bernhard
naggele, nörgeln, zanken, necken
Naggeler, m, Nörgler, Zänker
nähkste, nächster, künftiger
Näjelcher, Mz, Fliederblüte
Näjelsblom, Mz, Fliederblume
Näl, m, Nagel
Nälche, s, Mz **-r,** kleiner Nagel; Gewürznelke; Flieder
näle, nageln
nälfaß, nagelfest
Nälwoozel, w, Mz **-e,** Nagelwurzel
Nälzang, w, Mz **-e,** Nagelzange
Nandes, m, Ferdinand
Nann, s, **Nanett,** Johanna; Ännchen
Narv, w, Mz **-e,** Narbe
Nas, w, Mz **-e,** Nase
naschtich, betriebsam, eifrig, erpischt, gierig
nase, jemand in scharfer Form Vorwürfe machen
Naserines, m, Mensch mit großer Nase; jemand, der seine Nase in alles hineinsteckt, sich um Sachen kümmert, die ihn nichts angehen
Nasestüver, m, Nasenstüber, Zeichen des Tadels

Nasewärmer, m, kurze irdene Tabakspfeife
Nasewies, m, Mz **-e,** naseweise Person
Näsje, s, Mz **-r,** Näschen; triefende Nase
Näßte, w, Nässe
Nator, w, Mz **-e,** Natur, Eigenheiten
Nav, w, Mz **-e,** Nabe
Nazion, w, Mz **-e,** Nation
ndoch, doch, jawohl; Ausdruck der Verwunderung oder der Ablehnung
ne, ein, einen
Neech, w, Mz **-te,** Nichte
neede, nieten
Neer, w, Mz **-e,** Niere; glattschalige Kartoffel
Neerche, s, Mz **-r,** Nierchen
Neerebrode, m, Nierenbraten
Neeß, m, Neigung zum Niesen, einmaliges Niesen
neeße, nießen
Neetnäl, m, Nietnagel
Nell und **Nella,** s, Petronella
nemme, nehmen
Neres, m, Werner
Nervefeber, s, Nervenfieber
Nervetrecke, s, Nervenschmerzen
Neß, s, Mz **Nester,** Nest; Tabaksrest im Pfeifenkopf; unangenehmes Haus, elendes Dorf
Neßkackel, m, Mz **-e,** Nesthocker; jüngster Vogel
neste, nisten
nesterwies, nesterweise
net und **nit,** nicht?, nicht wahr?
Nett, Nettche, Trina, Tring und Katring, s, Katharina
nettches, artig, säuberlich, hübsch, grade, zutreffend
Neuichkeitskriemer, m, Neuigkeitskrämer
neujeerich, neugierig
Neujohr, s, Neujahr
Neujöhrche, s, Mz **-r,** Neujahrsgeschenk
Neujohrschdaach, m, Neujahrstag
Neuloß, w, übertriebene Freude oder Lust an etwas haben, die nicht lange währt, Begeisterung für eine Sache, die bald erlahmt

nevve, neben
Nevvel, m, Nebel
nevvele, nebeln
nevvenaan, nebenan
nevvenbei, nebenbei
nevvendran, beiseite, daneben
nevvenenander, nebeneinander
nevvenher, nebenher
Nevvesaach, w, Mz **-e,** Nebensache
nibbele, langsam essen, nagen
Nick, s, Nacken
nidder, nieder
Nidderdraach, w, Niedertracht
nidderich, niedrig
nidderkumme, gebären, niederkommen
Nies und **Niesje,** s, Agnes
nihe, nähen
Nihersch, w, Mz **-e,** Näherin
Nihflitschje, s, Mz **-r,** Nähmädchen
Nihjescherr, s, Nähutensilien
Nihkösse, s, Nähkissen
Nihnol, w, Mz **-de,** Nähnadel
Nihschull, w, Mz **-e,** Nähschule
nit und **net,** nicht
nitsch, boshaft, verletzend
nix, nichts
Nixnotz, m, Mz **-e,** Taugenichts
nixnötzich, nichtsnutzig
Nixnötzichkeit, w, Mz **-e,** Nichtsnutzigkeit
nja, ja, jawohl
no, nun
noh, nach
noh, nahe
Nöh, Nöhde und **Nöhte,** w, Nähe
nohaape, nachäffen
nohbei, nahebei
nohbeinein, nahe beieinander
Nohber, m, Mz **-e,** Nachbar
nohbere, nachbarlich verkehren, nachbarlich besuchen

Nohbersch, w, Mz **-e,** Nachbarin
Nohberschaff, w, Nachbarschaft
nohbubbele, nachschwätzen
Nohdeil, m, Nachteil
Nohdoosch, m, Nachdurst nach einer Zecherei
Nohdraach, m, Mz **-dräch,** Nachtrag
nohdröppe, nachtröpfeln
nohdun, nachtun, nachahmen
nohenein, nacheinander
nohfiele, nachfeilen
Nohfroch, w, Mz **-ge,** Nachfrage
nohholle, nachholen
Nohjeboot, w, Mz **-e,** Nachgeburt
nohjevve, nachgeben
nohjon, nachgehen
nohkaate, s, eine erledigte Sache noch einmal zur Sprache bringen
nohkicke, nachschauen
nöhkste, nächster
Nohkumme, m, Nachkomme
nohlore, nachlauern, nachschauen
nohloße, nachlassen
nohmaache, nachmachen
nohmeddaach und **nommeddaachs,** nachmittags
Nohreech, w, Mz **-te,** Nachricht
Nohsummer, m, Nachsommer, Herbst
Noht, w, Mz **Nöht,** Naht
nöhter, näher
nohträcke, nachziehen
nohtrore, nachtrauern
nöhts, kurz bei, nächst
nohzälle, nachzählen
nohzöbbele, lässig hinterdreingehen
Nol, w, Mz **-de,** Nadel
Noldekopp, m, Mz **-köpp,** Nadelkopf
Nöll, w, Mz **-e,** Nase
Nöll und **Noltes,** m, Arnold
Nonnefützje, s, Mz **-r,** Kleinigkeit; kleines Gebäck
Nööchter, m, Nüchternheit

nööchter, nüchtern
nööle, zaudern; nörgeln
Nöözche, s, Mz **-r,** ganz kleine Äpfel, Kartoffel und Früchte; Kleinigkeiten
Nopp, m, Mz **-e, Nöppche,** s, Mz **-r,** Knötchen auf gewebtem Stoff
Noß, w, Mz **Nöß,** Nuß
Noßkraacher, m, Nußknacker
Not, w, Mz **-e,** Note
noteere, notieren, anschreiben
nöttele, murren, nörgeln
Nöttelhans, m, Zänker
nöttelich, verdrießlich, zänkisch
Notz und **Nötz,** w, Mz **-e,** kurze Stummelpfeife
Notze, m, Nutzen
notze, nutzen
nötzer, nützlicher, besser, lieber, vielmehr
Novend, Guten Abend
Nucke, Mz, Tücken, Launen
nüde, nötigen
nüdich, nötig
nüdije, nötigen
Nüff, w, Nüffje, s, stumpfe Nase
nüffe, hörbar durch die Nase atmen
Nüffnas, w, Stubsnase
nügge, einnicken, schlummern
Nüggel, m, Schnuller
Nümaatskrat, w, Mz **-krade,** Stadtstreicher
nümmes und **nimmes,** niemand
nüng, neun
nuppich, eigenartig, bösartig, rauh im Betragen
Nuppohr, s, Heimtücker
Nüsel, m, **Nüselche,** s, Kleinigkeit
Nut, w, Not
Nutdorf, w, Notdurft
Nutstopper, m, Aushelfer
Nutz, m, **Nützje,** s, Geliebte; Kleinigkeit

O

Obs, s, Obst
och, auch
och, ach!
Öchel, m, Ärger, Aufregung
öchele, sich abquälen
Odem, m, Atem
odeme, atmen
Odemsnut, w, Atemnot, Asthma
odenär, gemein, ordinär
odene, ordnen
Odenung, w, Ordnung
Oder, w, Mz **Öder,** Anweisung, Befehl, Maßregel
Oder, w, Mz **-e,** Ader
Oderloß, m, Mz **-löß,** Aderlaß
Ofer, s, Mz **-e,** Ufer
off, oft
Offer, m, Opfer, Opfergabe
Offerbüggel, m, Mz **-e,** Klingelbeutel
offere, opfern, Geld beisteuern oder einsammeln
öfters und **öftersch,** oftmals
Ohm und **Ühm,** m, Mz **-e,** Onkel
Ohmaach, w, Ohnmacht
ohmächtich, ohnmächtig
Ohr, w, Mz **-e,** Uhr
Ohr, s, Mz **-e,** Ohr
Ohr, s, Mz **-e,** Henkel am Rand eines Geschirrs; umgekniffene Papierecke
Ohrbömmelche, s, Mz **-r,** Ohrring mit Anhängsel
Ohreblöser, m, Ohrenbläser, Anträger, Verleumder
Ohreknies, m, Ohrenschmutz, -schmalz
Ohrfich, w, Mz **-e,** Ohrfeige
ohrfije, ohrfeigen
ohrfispele, ins Ohr sagen, zuflüstern
öhrich, eigensinnig, mißlaunig, mürrisch, schläfrig
Ohrmächer, m, Uhrmacher
Oktav, w, die einem Fest folgenden acht Tage, während deren man noch Glückwünsche anbringen kann

Öl, m, Mz **-e,** Aal
Öl und **Ollich,** m und s, Öl
öle, ölen
Olefant und **Elefant,** m, Mz **-e,** Elefant
Ölfärv, w, Mz **-e,** Ölfarbe
Öllich, m und s, Mz **-je,** Zwiebel
om, auf dem
öm, um
ömarbeide, umarbeiten, umgraben
Ömbingsel, s, Umwickelung, etwas zum Umbinden
ömdeile, umteilen, verteilen
ömdrihe, umdrehen, umwenden
ömdun, umtun, anziehen
ömesöns, umsonst
Ömfang, m, Beleibtheit, Umfang
ömfroge, nachfragen, umhören
Ömjang, m, Mz **-jäng,** Kreislauf, Umgang, Verkehr, die Runde machen; Säulengang
ömjon, umgehen, rings herumgehen; sauer werden, ausweichen; gären
ömkicke, umschauen
Ömlauf, m, Mz **-läuf,** eitrige Entzündung am Finger
ömlore, umlauern, sich umschauen
ömmaache, ummachen, umgraben
Ömmer, m, Mz **-e,** Klicker
Ömmerjöönche, s, Mz **-r,** erbsengroße Zuckerkugel
ömplante, umpflanzen
ömrofe, umrufen
Ömschlaach, m, Mz **-schläch,** Einband, Umschlag
Ömschlaachdoch, s, Mz **-döcher,** Umschlagtuch
ömschödde, umschütten
ömschwenke, ausspülen
ömsin, umsehen
Ömstand, m, Mz **-ständ,** Umstand
Ömstandskriemer, m, Umstandskrämer, Person, die stets umständlich zu Werke geht
ömstüsse, umstoßen
ömträcke, umziehen, umkleiden
öntlich, ordentlich

Oos, m, Mz **Öß** und **Ooße,** Ochse
Ooschel, s, Ursula
Oosekar, w, Mz **-e,** Ochsenkarre
Oosekopp, m, Mz **-köpp,** Ochsenkopf; Dummkopf
Ooßeleider, m, Ochsenführer, Viehtreiber
Ooßendriever, m, Ochsentreiber
Ooßenhuck, w, Mz **-hück,** Ochsenhaut
Ooßepisel, m, Ochsenziemer
ooßich, ochsig, dumm; brünstig
Oot, m und s, Mz **Öder,** Ort
** Öötche,** s, Mz **-r,** Örtchen; Abort
op, auf, offen
op sich selvs ston, selbständig sein
Opaach, w, Acht, Achtung, Obacht
opbärme, aufhäufen
opbaschte, aufbersten
opbuusche, aufbauschen
opdäue, aufdrücken; aufdrängen, aufzwingen, zuteilen, aufschwätzen
opdonnere, aufputzen, sich in schreiende Farben oder in auffallender Weise kleiden
opdrieve, auftreiben, im Preis steigern
opdrüjje, auftrocknen
opdun, auftun, öffnen
openander, aufeinander
openein, aufeinander
openeus, aufs neue, noch einmal
Openthalt, m, Aufenthalt
opfärve, neu färben
opflecke, aufbessern, aufputzen
Opföllsel, s, Auffüllung
Opjebott, s, Mz **-e,** Aufgebot, Aufruf vor der Hochzeit
opjemort, aufgemauert
opjeruump, aufgeräumt, heiter
opjeschosse, zu rasch gewachsen
opjewärmp, aufgewärmt
Opjewärms, s, Aufgewärmtes
opjölpsche, aufstoßen, rülpsen
opjon, aufgehen

ophalde, aufhalten
Ophäldersch, w, Mz **-e,** Hehlerin, Kupplerin
Ophevvens, s, Aufheben
opkladunjele, aufputzen, herausputzen
opkloppe, aufklopfen
opkrämpe, umschlagen, die Hosen aufschlagen
opkratze, herausputzen
opkrijje, aufkriegen, aufessen, öffnen
opkumme, aufkommen
Oplach, w, Mz **-e,** Auflage
oplänge, auflängen, verdünnen
Oplauf, m, Mz **-läuf,** Auflauf
oplevve, aufleben
oploße, auflassen; steigen lassen
opmucke, auflehnen, aufmucken
opnemme, aufnehmen, erheben, deuten
Opnemmer, m, Mz **-e,** Scheuertuch, Putztuch
opnemmerisch, schnell beleidigt, empfindlich
opodeme, aufatmen
oppe, offene, offener
opquelle, aufquillen
oprääch, aufrecht, senkrecht
opräje, aufregen
opreechte, aufrichten, sich erheben
Oprof, m, Mz **-röf,** Aufruf; Aufgebot
Oprohr, m, Aufruhr
oprölpsche, aufblähen; aus dem Magen aufstoßen, verleidet oder zuwider werden
oprüme, aufräumen
Opsatz, m, Aufsatz, Oberteil
opschäppe, aufschöpfen
opschlon, aufschlagen, den Preis erhöhen
opschnappe, erhorchen, zufällig hören, ertappen, einfangen, auffangen
opschnigge, übertreiben, aufschneiden
opschnubbere, aufspüren
opschöze, aufschürzen
opschrieve, aufschreiben
opschuve, aufschieben

opsetze, aufsetzen
Opsinn, s, Aufsehen
opsöke, aufsuchen
opspille, aufspielen; **sich -,** sich wichtig machen
Opstand, m, Mz **-ständ,** Aufstand
opsteche, ersparen, gewinnen, verdienen; aufgeben
opstippe, aufstützen, eine Stütze untersetzen
opstoche, anschüren, anfachen, aufhetzen
opston, aufstehen
opstoppe, aufpolstern, aufstopfen, ausbalgen
opträcke, aufmarschieren, aufziehen, ernähren
optredde, auftreten
Optrett, m, Auftritt
opwade, auftischen, aufwarten
Opwadung, w, Aufwartung
opwärme, aufwärmen, veraltete Sachen wieder zur Sprache bringen
Opwatsmädche, s, Mz **-r,** Aufwärterin, Kellnerin
opzälle, aufzählen
Opzoch, m, Mz **-zöch,** Aufzug
ör, euer, eure
Ordeil, s, Mz **-e,** Urteil
ordeile, urteilen
öre, eure
Orlaub, m, Urlaub
Orsaach, w, Mz **-e,** Ursache
Os, s, Aas; gemeiner Mensch
Os, s, Öster, fideler, gescheiter und anstelliger Mensch; Astloch oder Astzapfen an Bäumen; Eins auf Karten und Würfeln; Aß
Ottejrafie, w, Orthographie
ov, ob, oder
Ovend, m, Mz **-e,** Abend
Ovendsklock, w, Mz **-e,** Abendglocke
Ovendslooch, w, Abendluft
ovve und **bovve,** oben
Ovve, m, Mz **Ovve** und **Övve,** Ofen
ovvenaan und **bovvenaan,** obenan
Ovvepief, w, Mz **-e,** Ofenrohr

Ovverdeil, s, Oberteil
Ovverledder, s, Oberleder
Ovverleech, s, Mz **-ter,** Oberlicht, oberer, aufklappbarer Teil des Fensters
Ovverlepp, w, Mz **-e,** Oberlippe
övversch und **bövversch,** oberster
Ovverschengk, s, Oberende
Ovverstüvvje, s, Mz **-r,** Oberstübchen; Kopf, Verstand

P

Paach, w, Pacht
paachte, pachten
Paaf, m, Pfaffe, Geistlicher
Paafekäppche, s, Mz **-r,** halbrundes Mützchen für Geistliche und Kahlköpfe
Paasch, w, Presse, Kelter
paasche, auspressen, drücken, klemmen
Packaan, m, Mz **-e,** Topflappen; gedungener Schläger
packe, packen; **sich eine -,** eins trinken
Päd, s, Mz **Päd** und **Päder,** Pferd
Pädche, s, Mz **-r,** Pferdchen
päde, mit Pferde ziehen
Pädsarbeit, w, Mz **-beide,** mühsame Arbeit
Pädsdeer, s, Mz **-e,** Mistkäfer
Pädsdeev, m, Mz **-e,** Pferdedieb
Pädsfoß, m, Mz **-föß,** Pferdefuß; großer Menschenfuß
Pädshor, w, Mz **-e,** Hure der gewöhnlichsten Art
Pädshunger, m, Heißhunger
Pädskopp, m, Mz **-köpp,** Pferdekopf; großer, unförmlicher, ausdrucksloser Menschenkopf
Pädsköttel, m, Mz **-e,** Pferdemist, Roßapfel
Pädsköttelei, w, Lümmelei, dummes fades Zeug
Pädsledder, s, Pferdeleder
Pädsmeß, m, Pferdemist
Pädsnator, w, Mz **-e,** sehr widerstandsfähige körperliche Beschaffenheit
Pädsstätz, m, Mz **-e,** Pferdeschweif
paffe, stark und qualmig rauchen
Paijaß, m, Mz **-e,** Bajazzo, Hanswurst
Päl, w, Mz **-e,** Perle
Pälekett, w, Mz **-e,** Perlenschnur, Perlenkette
Pälmutt, m, Perlmutter
Palm, m, Buchsbaumlaub
pampele, baumelnd hin und her bewegen
Pand, s, Mz **Pänder,** Pfand
Pandhuus, s, Mz **-hüser,** Pfandhaus
Pandsching, m, Mz **-e,** Pfandschein

Paneer, s, Panier
Pann, w, Mz **-e,** Pfanne; Dachziegel; **op der - han,** auf der Pfanne haben, gescheit sein
Pannasch, Pannaß, m, gebratener Fleischbrei
Pännche maache, den Mund zum Weinen verziehen
Pannemetz, s, Mz **-er,** Pfannenmesser
Pannestätzje, s, Mz **-r,** das jüngste, kleinste Kind
Pantuffel, m, Mz **-e,** Pantoffel
Panz, m, Mz **Pänz,** Bauch, Leib, Pansen, Tiermagen, Wampe, Wanst; unförmliches, auch ungezogenes Kind
Papeer, s, Mz **-e,** Papier
pappich, klebrig, kleisterig
parat, bereit
Pärche, s, Mz **-r,** Pärchen, zwei zusammengehörige Personen oder Gegenstände
Pardauz!, Ausruf bei einem lauten Fall
Pardung, m, Gnade, Verzeihung
pareere, gehorchen; abwehren
Parreplü, s, Mz **-s,** Regenschirm
parfoosch und **pärfoosch,** unter allen Umständen
Parkemoder und **Parkemo,** w, Hurenhauswirtin
Parkevader, m, Hurenhauswirt
pärplex, überrascht, verwirrt
partu, durchaus
paß kumme, gerade recht kommen
Passascheer, m, Mz **-e,** Passagier
passe, passen; warten
passeere, geschehen, vorbeigehen, sich zutragen
Pasterat, s, Mz **-e,** Pfarrhaus
patär, zu ebener Erde
Patrulje, w, Kontrollwache, Streifwache
Patsch, m, schlammiger Boden, Straßenkot
Patschann, s, dickes, unförmliches Frauenzimmer
patsche, durch den Schlamm waten
Patschhängche, s, Mz **-r,** kleine Hand
patschnaaß, durchnäßt
Patt, m, Taufpate
Patt, m, Mz **-e,** Pättche, s, Mz **-r,** Pfad
Pättche, s, Mz **-r,** Patenkind

Pattevugel, m, Mz **-vüjjel,** Papierdrachen; auffallend gekleidete Frau
Pattühm, m, Patenonkel
Päul, m, Paul
pauseere, pausieren
päuze, tragen; Kinder herumtragen
Pavilljong, m, Mz **-s,** Pavillon
Pechdroht, m, Mz **-dröht,** Pechdraht; Schuster
Pechkavaleer, m, Mz **-e,** Schuster
Peck, m, Groll, Widerwillen; **ene - op einer han,** jemanden nicht leiden mögen
pecke, picken, stechen
Peek, w, Mz **-e,** Pike; Zwinge am Stockende
Peesch, w, Mz **-e,** Pfirsich
Peetsch, w, Mz **-e,** gezierte, zimperliche Frau
peetschich, empfindlich, geziert, zimperlich
Peff, m, Mz **-e,** Pfiff; Geschicklichkeit; Ränke
Peffer, m, Pfeffer
Pefferbüß, w, Mz **-büsse,** Pfefferbüchse
peffere, pfeffern, würzen, hohe Preise fordern
Pefferkooche, m, Lebkuchen
Pefferkoon, s, Mz **-köner,** Pfefferkorn
Pefferlecker, m, Spottname für den Kölner
Peffermüll, w, Mz **-e,** Pfeffermühle
peffich, pfiffig
Peffikus, m, Pfiffikus
Pell, w, Mz **-e,** Pille; Pelle, Schale, Hülle
pelle, schälen
Pellendresser, m, Kleinigkeitskrämer, Apotheker
Pellendrieher, Apotheker
Pelz, m, Mz **-e,** Pilz; Pelz
Penn, m, Stift; eigensinniger Kerl
Pennbroder, m, Mz **-bröder,** Landstreicher
penne, Holznägel einschlagen; vollstopfen
pennevoll, ganz voll
Penning und **Penningk,** m, Mz **Penninge,** Pfennig
Peps, m, Schnupfen, starke Erkältung
perplex, überrascht, verwirrt
Peß, m, Urin

Pess, w, Pest
pesse, harnen, pissen, seichen
Peßpott, m, Mz **-pött,** Nachtgeschirr
petitt, klein, winzig
Petschaff, s, Mz **-schafte,** Petschaft, Siegelstempel
petsche, kneifen, zwicken, beim Trinken schluckweise absetzen, anhaltend kleine Quantitäten trinken
Petschzang, w, Mz **-e,** Kneifzange
pichele, munter zechen
Piddel, m, Mz **-e,** kleiner beweglicher Stift, Zapfen
piddele, Kleinigkeiten machen, mit den Fingerspitzen an etwas herumarbeiten, abpflücken
Pief, w, Mz **-e,** Pfeife
piefe, Pfeife rauchen
piefe, pfeifen, flöten
Piefenellenboge, m, Kniestück des Ofenrohrs
Piel, m, Mz **-e,** Pfeil
piele, einrammen
pielopprääsch, aufrechtstehend, senkrecht, gerade
piepsche, eintöniges Pfeifen der Vögel und Mäuse
piepschjungk, sehr jung; noch nicht flügge
piesacke, schikanieren
Pieze, Mz, Frauenbrüste
Pilar, m, Mz **-e,** viereckiger Pfeiler
Pilarenbützer, m, Scheinheiliger
Pilaster, m, Pfeiler, Säule, Stütze
pimpelich, zartfühlend
Pimpernell, w, Pimpernelle
Ping, w, Pein, Schmerz
pingele, peinlich tun, bei geringen Schmerzen klagen, zimperlich sein
pingelich, kleinlich, peinlich
Pingste, Pfingsten
Pinke, w, Geld
pinkele, urinieren
Pisel, m, Mz **-e,** Ochsenziemer, Strick zum Schlagen
Pissewar, s, Pissoir
Pitt und **Pitter,** m, Peter
Pittermännche, s, Kosename für Peter; Fäßchen Kölsch

Pitterzillje, w, Petersilie
Pittjan, m, Peter Johann
Pittjupp, m, Peter Josef
Plaat, w, Mz **-e,** Platte, flache Schüssel
Plaat und **Plääت,** w, Mz **Plaate** und **Plääte,** Glatze
plaate, mit Platten belegen
Plaatekopp, m, Mz **-köpp,** Kahlkopf
Plaatz, w, Mz **-e,** Ort, Raum, Stelle, Amt, Würde, Sitz, Aufenthalt
Plack, m, Grind, Ausschlag
Plackfisel, m, Mz **-e,** unsauberer Mensch
plackich, mit Ausschlag behaftet
Plackkrom, m, schlechtes Zeug, wertlose Sachen; elendes Verhältnis
Plackschnüß, w, von Ausschlag umgebener Mund
Plafung, w und s, Zimmerdecke
Plagge, m, Abwischtuch, Lumpen, Scheuerlappen; abgetragene Kleider
Plant, w, Mz **-e,** Pflanze
plante, pflanzen
Pläseer, s, Vergnügen
pläseerlich, spaßhaft, vergnügt
Plätsch, w, Mz **-e,** Karnevalspritsche
platsche und **plätschere,** im Wasser arbeiten
platschich, dick, breit
platterdings, durchaus, schlechterdings
Plattfoß, m, Mz **-föß,** Plattfuß
Plattieser, s, Mz **-e,** flaches Bügeleisen
plattschlon, plattschlagen; unterschlagen
Platz m, Mz **Plätz,** Blatz
plazeere und **plasseere,** anbringen, legen, setzen, stellen, unterbringen
pliestere, mit Kalkspeise verputzen
Pliesterwerk, s, Kalkverputz
Ploch, w, Mz **-e,** Plage
Plochjeis, m, Mz **-jeister,** Plagegeist
plöcke, pflücken, abschneiden, um Geld bitten
Plöckvugel, m, Mz **-vüjjel,** jemand, der gewohnheitsmäßig andern Geld abschmeichelt oder abbettelt

ploge, plagen
plöje, pflügen
Plooch, m, Mz **Plöch,** Pflug
Ploster, s, Pflaster
plostere, pflastern
pludere, plaudern
Pludertäsch, w, Mz **-e,** Plaudermaul
plümerant, unwohl, schwindelig
Plümm, w, Mz **-e,** Feder; Federbusch; Wollflocke
Plümo, s, Mz **-s,** Federdeckbett
Plumpsch, m, Mz **-e,** Plumps
plumpsche, plumpsen, ins Wasser fallen
Plünn und **Plünnche,** s, Apollonia
Pluute, Mz, Fetzen, Lappen, Lumpen
Pluutekopp, m, schlecht frisierte oder liederlich angezogene Frau
Pluutemann, m, Mz **-männer,** Lumpensammler
pluutich, zerfetzt, zerlumpt
pö a pö, vor und nach, langsam
Pockesching, m, Impfschein
Pohl, m, Mz **Pöhl,** Pfuhl, stehendes Wasser, Pfütze
Pol, m, Mz **Pöl,** Pfahl
pöle, pfählen; schnell mähen; mit Steinen bewerfen
Poleer, m, Mz **-e,** Bauführer
poleere, polieren
Poll, w, Mz **-e,** Wasser- und Weinkännchen bei der Messe
Pöll, w, molliges, lebhaftes Mädchen
Pöllche, s, Mz **-r,** junges Huhn
Pöllchesei, s, Mz **-er,** das erste Ei eines Huhnes
Pollewing, m, Meßwein
Pols, m, Puls
Polsoder, w, Mz **-e,** Pulsader
Polver, s, Pulver
polverdrüch, ganz trocken
pölvere, zerreiben, pulverisieren
Pont, w, Mz **-e,** Fähre, Fährschiff
Poosch, m, Mz **-te,** Bursche, Geselle
Pooschdaach, m, Ostertag

Pooschei, s, Mz **-er,** Osterei
Pooschte, Ostern
Pooz, w, Mz **-e,** Pforte, Tor
Popp, w, Mz **-e,** Puppe, Raupenpuppe, Vogelweibchen, geziertes Frauenzimmer; **de - sin am danze,** der Prozeß ist im Gange, der Skandal ist da
poppe, sich paaren
Poppekrom, m, Spielerei, undauerhafte, leicht zerbrechliche Sachen
Poppespil, s, Mz **-spille,** Puppenspiel
Positor, w, Figur, Form, Haltung, Stellung
Poß, m, Mz **Pöß** und **Poste,** Pfosten
Poß, w, Post
Poßhengs, m, Postbeamter
posteere, aufstellen, postieren
Posteling, w, **Potzeling,** s, Porzellan
postelinge und **potzelinge,** aus Porzellan, zerbrechlich
Postiljun, m, Mz **-e,** Postillon
Pott, m, Mz **Pött,** Topf
Pott, m, Mz **Pött, Pöttche,** s, Mz **-r,** Spieleinsatz
Pöttche, s, Mz **-r,** Töpfchen
pötte, viel und anhaltend trinken
pöttele, Kleinigkeiten langsam arbeiten, mit den Fingern zupfen, kratzen; eine Wunde abkratzen
Pottluh, m, Graphit, Ofenschwärze
Pottschamber, m, Nachtgeschirr
Pötz, m, Mz **-e,** Brunnen
pötze, Wasser mit Eimern hochheben, aufwinden
pover, ärmlich
pöze, eine Tür oft öffnen, häufig aus- und eingehen
Pözer, m, Pförtner; jemand, der fortwährend und unnötig die Tür öffnet
Pozion, w, Mz **-e, Poziönche,** s, Mz **-r,** Portion, abgemessener Teil, Speiseanteil
Praach und **Prach,** w, Pracht
Prakeseer, m, Überlegung
prakeseere, nachdenken, überlegen, versuchen
praktizeere, praktizieren, anbringen
preckele, prickeln

Predulje, w, Verlegenheit
premme, pressen, drücken; vollstopfen
present, anwesend
presenteere, anbieten
Preß, w, Mz **Presse,** Presse
Preß, m, Eile
Presseer, Eile
presseere, eilen
pretendeere, beanspruchen, fordern
Preziösje, s, Mz **-r,** anspruchsvolles eitles Mädchen
Prick, w, hübsches Weib
Priem und **Prümm,** w, Mz **-e,** Kautabak
priemeere, Prämie zuerkennen, belohnen
Pries, m, Mz **-e,** Preis
priese, preisen
Prinzrabau, w, Mz **-e,** gemeiner Kerl
Pris, w, Mz **-e,** Schnupftabakprise
Pritsch, stolze, spröde Frau; Karnevalspritsche
pritsch, kurz angebunden, trotzig, abstoßend
probeere, probieren, proben, prüfen
pröfe, prüfen
Profick, m, **Profickche** und **Profitche,** s, Gewinn, Profit, Vorteil
Pröll, m, Plunder
Proppe, m, Pfropfen
proppe, pfropfen, zusammenpferchen
Proß, Prosit
prötte und **pröttele,** brodeln, sieden; murren, brummen
Prötteler, m, Brummbart, Murrkopf
pröttelich, verdrießlich, murrköpfig
Pröttelskammer, w, Mz **-e,** Rumpelkammer
Prov, w, Mz **-e,** Probe
prove, proben
Prozentekriemer und **-schlucher,** m, Wucherer
Prumenad, Spaziergang
prumeneere, spazieren
Prumm, w, Mz **-e,** Pflaume
Prümmche, s, Mz **-r,** kleine runde Pflaume
prümme und **prieme,** priemen, Tabak kauen

Prummekän, w, Mz **-e,** Pflaumenkern
Prummekumpott, m und s, Pflaumenkompott
Prummetaat, w, Mz **-e,** Pflaumentorte
Prummezupp, w, Pflaumensuppe
prutsche, hervorspritzen
Pruviser, m, Apotheker
pruzedeere, prozessieren
Pruzeß, m, Mz **Pruzesse,** Prozeß
Puckel, m, Mz **-e,** Buckel
puckele, aufbürden, auf dem Rücken tragen
puckellöstich, kreuzfidel
Puddel, m, Mz **-e,** Pudel, Fehlwurf beim Kegeln; schmutzige, unordentliche Person
puddele, reinigen, waschen, Kinder in einem großen Gefäß waschen; beim Kegeln fehlwerfen
puddelnaaß, sehr naß
puddelnack, -nackich, nackt wie ein geschorener Pudel
Puff, m, Mz **-s,** Bordell
Puff, m, Mz **Püff,** dumpfer Schall, Schlag, Stoß
Puffärm, m, Mz **-e,** Puffärmel
puffe, bauschen; Schläge austeilen, stoßen
Püffelche, s, Mz **-r,** kleiner Kuchen von Hefeteig
Puffmau, w, Mz **-e, -möche,** s, Mz **-r,** Bauschärmel
Puhahn, m, Mz **-e,** Pfau
Puhohn, s, Mz **-höhner,** Pfauhuhn
Puhstätz, m, Mz **-e,** Pfauentaube
Pukal, m, Mz **-e,** Pokal
pulitisch, klug, politisch, vorsichtig
Pumad, w, Pomade
pumadich, bequem, gemächlich; langsam
pumadiseere, die Haare einfetten
Pump, m, Mz **Pümp,** Borg
Pump, w, Mz **-e,** Pumpe
Pumpbotz, w, Mz **-e,** weite bauschige Hose
Pumpjee, m, Mz **-s,** Feuerwehrmann; Schuldenmacher
pumstich, auf einmal, plötzlich
Püngel, m, Mz **-e,** Bündel, Pack; gemeine Frau
Püngelche, s, Mz **-r,** Bündelchen
püngele, Lasten schleppen; sich unordentlich kleiden

Punjel, m, Mz **-e,** langes Kindernachthemd
puplizeere, veröffentlichen, verkünden
Pupp, m, Mz **Püpp,** Blähung, Bauchwind
puppe, hörbar furzen
puppere, beben, zittern
Puppsack, m, Mz **-säck,** dickes Kind
Purjeer, m, Abführen, Entleerung des Darms
purjeere, abführen
Pürk, w, Mz **-e,** Perücke; Kopfhaar
Pürkefäjer, m, Friseur
Pürkemächer, m, Perückenmacher
Pus, w, Mz **-e,** Pause
Pusbacke, Mz, Pausbacken
puse und **puseere,** rasten, pausen
Püsje, s, Mz **-r,** kleine Pause
Pussasch, w, Mz **-e,** Liebesverhältnis
pusseere, eine Sache betreiben; freien
Put, w, Mz **-e,** Pfote, Fuß
putschich, plötzlich
Puttes, m, dickwanstiger, unförmlicher Mensch
putzele, purzeln
putzich, possierlich, wunderlich, niedlich
Putzmächersch, w, Mz **-e,** Putzmacherin
Puut, m, Mz **-e,** Kind, junges Mädchen
Puutekrom, m, kindische Sache, kindisches Treiben

Q

Quaatsch und **Quatsch,** m, weinerliches Gerede; w, Person, die beim geringsten Ungemach klagt
quaatsche, weinen, zimperlich, eingebildet, krank tun, stets jammern und klagen
Quaatschkopp, m, Mz **-köpp,** empfindlicher, stets klagender Mensch; langweiliger Schwätzer
Quabbel, m und w, Mz **-e,** Fettklumpen
quabbele, schwabbeln, sich übel fühlen
quabbelich, unwohl, übel, zum Erbrechen geneigt
Quabböl, m, Mz **-e,** Aalquappe
Quaddel, w, Hautwasserblase, Anschwellung von der Berührung der Brennessel, vom Stich der Insekten
quaddelich, widerlich
quaggele, krank tun, Umstände machen
Quaggeler, m, Kleinigkeitskrämer
Quaggelskrom, m, Kleinigkeitskrämerei
Quäljeis, m, Mz **-ter,** Quälgeist
Quallmann, m, Mz **-männer,** Pellkartoffel
Qualster, w, Mz **-e,** dicker schleimiger Auswurf; feistes Frauenzimmer; Vogelbeerbaum; Beerenwanze
qualstere, schleimig ausspucken
qualsterich, fettleibig
quängele, kleinlich, unzufrieden sein
quängeleere, jemanden quälen
Quängeler, m, unzufriedener Nörgeler
quängelich, unzufrieden, kleinlich
Quant, m, Mz **-e,** ungezogenes Kind; Bursche
Quanz, m, Mz **Quänz,** und **Quänzche,** s, Mz **-r,** Prügel, knorriger Stock, abgeschnittenes Baumstämmchen
quarrich, knorrig, verwachsen, unwirsch
Quasel, m, dummes Gerede
quasele, dumm daherreden
Quaselkopp, m, Mz **-köpp,** Schwätzer
Quaß, m, Mz **Quaste,** Quaste
Quateer, s, Mz **-e,** Quartier; Viertel; Hinterteil
quateere, quartieren
Quatsch, m, dummes Geschwätz; Matsch

quatsche, unsinnig reden
quatschich, widerlich, weich
Quatschkopp, m, Mz **-köpp,** Schwätzer
Queke, Mz **Queken,** Unkraut
quelle, anschwellen, quillen
quelle, abbrühen
Quentsche, s, Mz **-r,** Kleinigkeit
Querelant, m, Mz **-e,** Krakeeler
Querkopp, m, Mz **-köpp,** Querkopf, störrischer Mensch
Quetsch, w, Mz **-e,** Zwetsche, Pflaume
Quetschenbüggel, m, Mz **-e,** Ziehharmonika
Quetschetaat, w, Mz **-e,** Pflaumenkuchen
quick, quitt, frei, ledig, erledigt
quiddele, unverständlich reden; eine Rede halten; Zwitschern bei jungen Vögeln
quieke und **quiekse,** quietschende Töne von sich geben, besonders bei Schweinen
quinke, zublinzeln
Quisel, w, Mz **-e,** alte Jungfer, Betschwester
quiselich, zimperlich, übertrieben fromm
Quitt, w, Mz **Quidde,** Quitte
quitteere, bescheinigen, verlassen
quittejääl, quittengelb
Quos, m, Mz **Quös** und **Quöster,** Kind, Stropp, Schlingel

R

Rääch, s, Recht
rääch, recht
räächfädije, rechtfertigen
räächs, rechts
Räächsverdrieher, m, Rechtsgelehrter, Advokat
räächziggich, rechtzeitig
Raafalles, m, gieriger Mensch
raafe, raffen
Raasch, w, Bestürzung, Eifer, Übereilung, Wut
Rabatt, s, Mz **-e,** Gartenbeet
Rabau, w, Mz **-e,** rauhschalige grüne Reinette
Rabau, m, Mz **-e,** Raufbold, Schurke, roher Mensch
rabiat, störrisch, energisch, bösartig, rücksichtslos
rachjeerich, rachsüchtig, habsüchtig, neidisch
Racker, m und s, schlauer dreister Mensch
Räd und **Rädd,** w, Mz **Räde,** Rede
rädde, reden
raderdoll, völlig verrückt
Rähn, m, Regen
Rähndroppe, m, Regentropfen
rähne, regnen
Rähnfaaß, s, Mz **-fäßer,** Regentonne
Rähnkall, w, Mz **-e,** Regenrinne
Rähnwedder, s, Regenwetter
Rämmel, m, Mz **-e,** Männchen bei kleinen Säugetieren, wie Hasen, Katzen
rampuneere, ruinieren, verderben, verschleißen
Rämschje, s, Mz **-r,** vorteilhafter Kauf
randaleere, lärmen, schreien
Ranett, w, Mz **-e,** Apfelsorte
rangscheere, ordnen, rangieren
ranke, mit langen losen Stichen nähen, sich balgen
rappele, lärmen, poltern, rappeln
rappelich und **rappelköppich,** erregt, mürrisch, sinnverwirrt, toll, unvernünftig, verrückt
Rappelkaste, m, alter baufälliger Wagen; wirr denkender und redender Mensch

Rappelkopp, m, Mz **-köpp,** erregter, verrückter, mürrischer Mensch
rapsche, wegraffen
Raptes und **Raptus,** m, Eifer, fixe Idee, böse Laune, Zorn, Verrücktheit, Wut
Raritätche, s, Mz **-r,** Rarität, Seltenheit; sehenswerte Kleinigkeit; kleiner Guckkasten
Raseermetz, s, Mz **-er,** Rasiermesser
Raseerstuvv, w, Mz **-stuvve,** Friseurstube
räsoneere, schimpfen, sich beklagen, beanstanden
Räsong, m, Vernunft, Erkenntnis
Raß, w, Gattung, Rasse; Rast
Raßdaach, m, Mz **-däch,** Ruhetag
raste und **räste,** rasten, ruhen
Rat, s, Mz **Rädder,** Rad
Ratsch, m, Mz **-e,** Riß, Schramme
ratsche, rasch wegraffen, durch Reiben, Schlagen und Stoßen ein empfindliches Geräusch machen
Ratt, w, Mz **-e,** Ratte
Rattestätz, m, Mz **-e,** Rattenschwanz, kleine Rundfeile
Rattmuus, w, Mz **-müs,** Hausratte
ratzekal, durchaus, gänzlich, vollständig
Rau, w, Ruhe
räubere, rauben, wegnehmen
Räuches, s, Rauchkammer
Rauchkäázje, s, Mz **-r,** Räucherkerzchen
Räuf, w, Mz **-e,** Futterkrippe
räuhich, ruhig
Rauhrief, m, Rauhreif
Raum, w, Milchrahm
räume und **rüme,** reimen
räume und **rume,** räumen
Rav, m, Mz **-e,** Rabe
Raveneß, s, Mz **-nester,** Rabennest, Krähennest
Ravenoos, s, Mz **-öster,** Rabenaas; gemeines Luder
Rebbestoß, m, Mz **-stöß,** Rippenstoß
rechele, rechen, schurren
Rechelieser, s, Rechen
recke, reichen; recken

reechte, richten
Reeme, m, Lederriemen; Ruder
reeme, rudern
reere, rieren, durchsickern von Sand
Reet, s, Ried, Schilfrohr
refereere, berichten, vortragen
rei, rein, rein
reihe, reihen
Reihnol, w, Mz **-nodele,** Schnürnadel
Rein, Reinard und **Reiner,** m, Reinhard
reinewech, durchaus, ganz
Reis, w, Mz **-e,** Reise
reise, reisen
rejeere, regieren, sich waschen und kämmen
rejell, ehrenhaft, reell
rejistreere, eintragen, vormerken
rejuleere, ausgleichen, ebnen, regeln
Rempelskrom, m, Gerümpel, zurückgesetzte Sachen
Renommasch, w, Mz **-e,** Prahlerei
renommeere, sich brüsten, aufschneiden
renoveere, wiederherstellen, erneuern
Rentnersch, w, Mz **-e,** Rentnerin
repareere, ausbessern, ersetzen, erstatten
repiteere, wiederholen
replizeere, erwidern, entgegnen, einwenden
Repp, w, Mz **Rebbe,** Rippe
reppe, sich bewegen, rühren
Reputazion, w, Leumund, Ruf
reputeerlich, ansehnlich, gut beleumundet
reselutt, energisch, entschlossen, mutig
reskeere, wagen, riskieren
Ress, m, Mz **Reste,** Rest
Reß, m, Riß
Reß, Mz, Prügel, Schläge
Restorazion, w, Mz **-e,** Wirtshaus, Restauration
restoreere, erquicken, wiederherstellen
Rett, m, Mz **-e,** Ritt
Retz, s, Mz **-e,** Ritz, Ritze
retze, ritzen

Retzjesbotz, w, Mz **-e,** Kinderhose mit Vorderschlitz
Reu, w, Reue; Trauerfall
Reuesse, s, Leichenschmaus
Reuter, m, Reiter
Reuz, w, Mz **-e,** Buckel, Tragkorb
revanscheere, revanchieren, vergelten
Rezepp, s, Mz **Rezepte,** Rezept
Reziusöl, m, Rizinusöl
Rhing, m, Rhein
Rhingkadett, m, Mz **-e,** Gelegenheitsarbeiter beim Ein- und Ausladen der Rheinschiffe
Rhingroller, m, Rheinwerftarbeiter
Rhingwing, m, Rheinwein
rich, reich
Richdum, m, Mz **-dümer,** Reichtum
Richlatz, w, Mz **-e,** Richtlatte
richte und **rechte,** richten
Rick und **Rickche,** s, Friederike
Rickpäd, s, Mz **-päd** und **päder,** Reitpferd; großes korpulentes Frauenzimmer
Riedich, m, Rettich
rief, reif
riefe, reifen
Ries, m, Reis
Ries und **Ris,** m, Mz **Riese,** Riese
Ries, s, das Ries (Mengenmaß)
Ries, s, Mz **-er,** das Reis, Zweig
Rieße, s, Reißen, Ziehen in den Gliedern
rieße, reißen
Rießkiddel, m, Mz **-e,** jemand, der seine Kleider häufig zerreißt
Rießus, m, Reißaus
Riev, w, Mz **-e,** Reibeisen
Rievbrett, s, Mz **-bredder,** Reibbrett
rieve, reiben
Rievkoche, m, Reibekuchen
riffele, ausfasern, zerkleinern
rigge, reiten
Rih, s, Mz **-e,** Reh

Rijel, m, Mz **-e,** Riegel
rijele, riegeln
Ring und **Ringk,** m, Mz **Ring,** Ring
ringe, ringen
Ringelduv, w, Mz **-e,** Ringeltaube; günstiger Zufall, seltene, willkommene Sache
Ringelott, w, Mz **-e,** runde grüne Pflaume
ripsch sin, tot, unrettbar verloren
ripsche, wegnehmen
ripschrapsch, sehr eilig
risele, rieseln
Riveer, s, Mz **-e,** Revier
Röb, w, Mz **-e,** Rübe
Röbekruck, s, Rübenkraut
Röböl und **Röbollich,** m, Rüböl
Röbsom, m, Rübsamen
Röbstill, Mz, Rübstiel
Roches, m, Rochus
Rock, m, Ruck
Rock, m, Mz **Röck,** Rock
röcke, rücken
Röckeling, s, Mz **-e,** leinenes Priestergewand; Meßdienergewand, Rochett
Röckjrot, m und s, Rückgrat
röcklings, rücklings, von hinten
Rockschlepp, m, Mz **-e,** Rockzipfel
Rockschuuß, m, Mz **-schüß,** Rockschoß
Röckstrangk, m, Mz **-sträng,** Rückgrat
rodde, roden, urbar machen
röddele, rütteln
rode, raten
Roder, s, Mz **-e,** Ruder
rodere, rudern
Rof, m, Mz **Röf,** Ruf
rofe, rufen
Rögge, m, Roggen
Rögge, m, Rücken
Röggelche, s, Mz **-r,** Roggenbrötchen
Röggenbrut, s, Mz **-brude,** Roggenbrot

Röggeping, w, Rückenschmerzen
Rohm, w, Mz **-e,** Holz zum Anbinden von Schlingpflanzen
rohme, abrahmen
Rohr, w, Ruhr (Darmkrankheit)
röhre, rühren
röhrich, rührig
Röjer, m, Rogen
rölze, ausgelassen spielen, herumbalgen, tummeln
roppe, rupfen, zerren
roppich, armselig, lumpig
Roppjung, m, Mz **-e, Roppsack,** m, Mz **-säck,** ruppiger, frecher Kerl, Junge, Schelm, Taugenichts
Röpsch, m, Rülps
röpsche, rülpsen, aufblähen; **et – meer op,** ich bin es satt
Rös, Rösje, Rosa und **Rosel,** s, Rosa und Rosalie
rose, rasen; ausgelassen spielen
rosich, furchtbar, rasend
Roßappel, m, Mz **-äppel,** Pferdekot
roste, rosten
röste, rüsten, bereit machen
röstich, rüstig
Röstung, w, Mz **-e,** Rüstung
Rot, w, Mz **-e, Rötche,** s, Mz **-r,** Rute
Rot m, Mz **Röt,** Rat, Ratschlag
Rotjevver, m, Ratgeber
Rötsch, w, Gleitbahn, Rutsche
rötsche, rücken, rutschen
Rötschpartie, w, Rutschpartie, Vergnügungsfahrt
Rötsel, s, Rätsel
Rotshär, m, Mz **-e,** Ratsherr, Stadtrat
Rotzbattrie, w, Nase
rotze, rotzen
Rötzje, s, Mz **-r,** Überbleibsel, kleiner Haufen
Rotzläffel, m, Mz **-e,** dummer, anmaßender Junge
Rubbel, m, Gepolter
rubbele, poltern, rütteln
rubbelich, hastig, polternd, rauh, uneben, unsanft
ruche, riechen

Rüddele, Mz, Röteln
rüddele, rütteln
Ruff, w, Mz **-e, Rüffje,** s, Mz **-r,** Wundkruste
ruffele, raufen
Rüffje, s, Mz **-r,** Frau mit üblem Leumund
rüh, roh
rujineere, verderben, zerstören, zugrunde richten
rume und **rüme,** räumen
rüme und **räume,** reimen
Rummel, m, Rummelplatz; Durcheinander
rummele, dumpf tönen, kollern, im Bauch rumoren
Rumor, m, Geräusch, Lärm
rumore, lärmen, aufrütteln, Unruhe stiften
Rump, m, Mz **Rümp,** Rumpf
rümpe, rümpfen
Rumpelskammer, w, Mz **-e,** Raum für alte Sachen
Rumpelskeß, w, Mz **-keste,** Plunderkiste
rumpschlump, alles auf einmal, insgesamt
Rundell, s, Mz **-e** und **-s,** Rondell, runder Platz
runderöm, rundherum
rundkumme, rundkommen, ausreichen
rünge und **ründe,** rund machen
Rupp, w, Mz **-e,** Raupe
ruppdich, Ausdruck der Schnelligkeit
ruppe, rupfen
Rus, w, Mz **-e,** Rose
Rusch und **Rüsch,** w, Mz **-e,** Krause
rüsche, Stoff kräuseln
Ruseknöppche, s, Mz **-r,** Rosenknöspchen
rüsele, rütteln
Rusemondaach, m, Karnevalsmontag
Rusing, w, Mz **-e,** Rosine
Rüsje, s, Mz **-r,** Röslein
Ruß, m, Ofenruß
rüste, rösten
Ruster, w, Mz **-e,** Ofenrost
Rüster, m, Mz **-e,** Flicklappen am Schuhwerk
Rüsterche, s, Mz **-r,** Siebblech; Schuhflicken
rut, rot

Rutstätzje, s, Mz **-r,** Rotschwänzchen
Rutt, w, Mz **-e,** Fensterscheibe; Viereck
Rutte, Mz, Eckstein- oder Karokarte
Ruttekünning, m, Ecksteinkönig
Ruttenas und **Ruttenos,** s, Ecksteinas
Ruttenboor, m, Ecksteinbauer
Ruum, m, Mz **Räum,** Raum
Ruusch, m, Rausch
ruusche, rauschen

S

Saach, w, Mz **-e,** Sache
sabbich, sämig, seimig
Sächmüll, w, Mz **-e,** Schneidemühle, Sägemühle
Sackdooch, s, Mz **-döcher,** Taschentuch
sacke, sacken, einsacken; zusammenschütten
Sackohr, w, Mz **-e,** Taschenuhr
Sackpief, w, Mz **-e,** dudelsackähnliche Pfeife
Saddel, m, Mz **Säddel,** Sattel
saddele, satteln
saddelfaß, sattelfest
Saff, m, Mz **Säfte,** Saft
Säje und **Sähn,** m, Segen
Säjefiel, w, Mz **-e,** dreikantige Feile zum Schärfen des Sägeblattes
salopp, nachlässig, schlampig
saluteere, grüßen, begrüßen
Salutt, m, Gruß, Begrüßung mit Gewehr- oder Artilleriesalven
Salv, w, Mz **-e,** Salbe; Salve
salve, salben
salveere, in Sicherheit bringen; sich zeitig zurückziehen, bewahren, hüten, schützen
Salzrümpche, s, Mz **-r,** hölzerner Salzbehälter mit Deckel
samp, samt
sämplich, sämtlich
Sandhas, m, Mz **-e,** Infanterist
säne, segnen
Sänk, w, Mz **-e,** Schlinggrube; Gewohnheitstrinker
Sann, Sänn, Sannche, Sus, Susje, s, Susanne
Satz, m, Niederschlag von Flüssigkeiten, besonders beim Kaffee
Sau, w, Mz **Säu,** weibliches Schwein
Sauerei, w, Schweinerei
Sauhungk, m, Mz **-hung,** Schweinehund, schmutzige, gemeine Person
säuisch, schweinisch, gemein
Saujesöffs, s, schlechtes Getränk

Saujung, m, Mz **-e,** schmutziger Junge, unangenehmer Lümmel
Saukääl, m, Mz **-s,** gemeiner Kerl
Saumage, Schweinemagen, Magen, der alles verträgt; schmutzige Person; Abwischtuch
Sauminsch, s, Mz **-er,** Saumensch, liderliche Frau
Saunickel, m, Mz **-e** oder **-s,** Schweinigel
Sauoos, s, Mz **-ööster,** Sauaas, gemeine Person
Schaaf, s, Mz **Schääfer,** Schrank
Schabau, m, Kornbranntwein
schabäuele, oft und gern Branntwein trinken
Schabausül, w, Mz **-e,** Schnapstrinker
Schabbesdeckel, m, Mz **-e,** alter, abgetragener Hut; jüdischer Sabbathut
schäbbich, schäbig, abgetragen, verschlissen
schachmatt, ganz ermattet
Schädche, s, Mz **-r,** Fehler, kleiner Schaden
Schako, m, Mz **-s,** Tschako (militärische Kopfbedekkung)
schäl, schielend, blind, kurzsichtig
schäle, schielen
Schall, w, Mz **-e,** Schubriegel
schalu, eifersüchtig, mißgünstig, neidisch
Schalusi, w, Mz **-e,** Eifersucht; Fenstersonnenblende
Schämde, w, Scham, sittliche Empfindlichkeit; Schamteile
schamme, schämen
schandaleere, lärmen, poltern, schimpfen
Schandarm, m, Mz **-e,** Gendarm
Schanditz, m, Mz **-e,** Polizeibeamter
Schandmächer, m, jemand, der alles ruiniert
Schaneer, s, Mz **-e,** Scharnier
Schang, Schäng, m, Johann
schänge, schimpfen
Schängeleer, m, Schimpferei; Verunzierung
schängeleere, verderben, verhunzen
Schängerei, w, Schimpferei
schangscheere, wechseln
Schänzje, s, Mz **-r,** kleines Reisigbündel

Schapoo, s, Mz **-s,** Brustkrause
Schapoo, m, Mz **-s,** Hut; Begleiter, Beschützer
Schäpp, w, Mz **-e,** Schöpfnapf
schäpp, schief
schäppe, schöpfen
Schäppemmer, m, Mz **-e,** Schöpfeimer mit langem Holzstiel
Schareerieser, s, Mz **-e,** breiter Steinhauermeißel
scharmant, hübsch, nett, gut, vortrefflich
scharmeere, bezaubern, den Hof machen
schärp, bitter, durchdringend, eckig, genau, herb, scharf, schneidig, spitzig, streng
schärpe, schärfen
Scharschant, m, Mz **-e,** Polizeibeamter; strammes, freches Weib; verstellbare Schraubzwinge
Schäs, w, Mz **-e,** Kutschwagen
Schasewitt, m, Abfertigung, Abweisung; Tanzschritt bei der Quadrille
schasse, wegjagen
schasseere, beim Tanz seitlich schreiten
Schateek, w, Mz **-e,** Scharteke, altes Buch; altes Weib
Schauf, s, Schaube; Strohlager für Tote, Bahrgestell
schaufel, schofel, armselig
Schaute und **Schauter,** m, alberner, lächerlicher Mensch, Spaßvogel
Schav, w, Mz **-e,** Schabe
schave, schaben
Schavels und **Schavsels,** s, Schabsel
Schavieser, s, Mz **-e,** Gerberwerkzeug zum Abschaben der Häute
Schavöttche, s, Mz **-r,** abgetragener Hut
Schavu, w, Mz **-e,** Wirsing
Schavuenanjeseech, s, runzeliges oder pockennarbiges Gesicht
Scheck und **Schick,** m, Geschick, Geschmack
schecke, schicken, gewöhnen, sich anpassen
scheer, schon, schier, trocken, ungefähr, rauh
Scheereloch, s, Mz **-löcher,** Scherenloch
scheeße, schießen

Scheeßer, m, Holzschaufel zum Einschieben der Backwaren in den Ofen; dicker Klicker
Scheff, s, Mz **Scheff** und **-e,** Schiff
Scheffje, s, Mz **-r,** Schiffchen; längliches Brotkörbchen in Form eines Schiffes
Scheid, w, Mz **-e,** Scheide; Scheitel
scheide, scheiden; scheiteln
scheif, schief
Scheld, s, Mz **-er,** Schild
scheldere, beschreiben, schildern; Wache stehen
Schelderei, w, Mz **-e,** Gemälde
Schelderhüsje, s, Mz **-r,** Wachtpostenhäuschen
Scheldkrat, w, Mz **-krade,** Schildkröte
Scheldpatt, s, Schildpatt, Schildkrötenschale
Scheldwaach, w, Mz **-e,** Schildwache
schelle, schälen
Schenie, s, Genie
Schepper, m, Schiffer
Scherf, m, Grind, Kopfausschlag, Schurf
scherre, scheeren
Scherv, s, und **Schervel,** m, Mz **-e,** Scherbe
Scherv, s, kleines Mädchen
Scheß, m, Bauchwind, Menschenkot; Furcht
Scheß han, Angst haben
Schesser, m, Scheißer, feiger Mensch
Scheuklapp, w, Mz **-e,** Scheuleder am Pferdegeschirr; hoher, aufgeschlagener Rock- oder Mantelkragen
Scheuter, m, Durchfall
schibbele, rollen, schiebend walzen
Schibbeleutche, s, Mz **-r,** rollendes Kinderspielzeug; alberner, verrückter Mensch
schibes, betrunken
Schick, m, Geschick, Geschmack
Schicksel, s, Mz **-e, Schickselche,** s, Mz **-r,** Mädchen; Spottname für Jüdinnen
Schiev, w, Mz **-e,** Scheibe
Schievenbrütche, einen flachen Stein über eine Wasserfläche werfen
schikaneere, tadeln, um Kleinigkeiten streiten

schinde, schinden, sich abmühen
Schineer, m, Befangenheit, Beklommenheit
schineere, sich genieren, befangen sein
Sching, m, Schein, Bescheinigung
Schingche, s, Mz **-r,** Scheinchen; abgetragenes, fadenscheiniges Kleidungsstück
schinge, scheinen
Schinghellije, m und w, Scheinheiliger, -heilige
Schinn, w, Mz **-e,** Schiene
Schinnbein, s, Mz **-e,** Schienbein
Schinne, Mz, Kopfschuppen
schinne, schinden, plagen
Schinner, m, Schinder, Hundefänger
Schinnos, s, Mz **-öster,** Luder; fideler, launiger Mensch, Witzbold
schirpe, zirpen
schlääch, schlecht
Schlaach, m, Mz **Schläch,** Schlag; eine Weile .
Schlaachdrop, m, Mz **-droppe,** Schläger; gewohnheitsmäßig zum Schlagen neigender Mensch
Schlaachfinster, s, Mz **-e,** Fensterladen
Schlaachieser, s, Mz **-e,** Steinhammer mit zwei vierkantigen, konisch zulaufenden Spitzen
Schlaachkar, w, Mz **-e,** Karre zum Aufkippen
schlaachte, schlachten
Schlaachtes, s, Schlachthaus
Schläächtichkeit, w, Mz **-keide,** Schlechtigkeit
Schlaachwasser, s, Kölnisch Wasser
Schlabberbotz, w, **Schlabberdanes,** m, jemand, der sich beschüttet oder etwas umschüttet
Schläbberche, s, Mz **-r,** Brustlätzchen für Kinder
Schlabberdönche, s, Mz **-r,** Rasiertuch; Serviette
Schlabberdooch, s, Mz **-döcher,** Lätzchen für Kinder
schlabbere, verschütten
schlabberich, laff, schwach, verdünnt
Schlabberjots, s, Abfall, Überbleibsel, Verschüttetes
Schlabberjux, m, verdünntes Getränk
Schlabberschnüß, w, Mz **-sse,** jemand, der beim Sprechen seibert; geschwätziger Mensch

Schlabbes, m, Mz **-e,** schlaffer, willenloser Mensch
Schlader, w, Mz **-e,** Hosenlatz, Hose mit Klapplatz; eingeschlagene, umgebogene Ecke am Papier; Auslaß und Fangvorrichtung am Taubenschlag
schladere, in Büchern Blattkanten umkneifen
Schlagge, Mz, Schlacken
Schläjel, m, Mz **-e,** kurzgedrungener, vierkantiger Steinhauer-Schlaghammer
Schlämm, m, Mehlbreisuppe
Schlammör und **Schlammöres,** m, Morast, Schlamm, sumpfiges Gelände
Schlamp und **Schlampamp,** w, Mz **-e,** Schlampe, schlampiges Frauenzimmer
schlämpampe, schlemmen, schmarotzen
schlampe, Kleider nachlässig behandeln oder nachschleppen; nachlässig gehen
Schlänk, w, Mz **-e,** Seilschlinge zum Aufziehen von Lasten
schlänkere, schlendern, schleudern
schlapp, ermattet, kraftlos, schlaff, weich; willenlos, ohne Energie; bei Speisen und Getränken verdünnt oder wenig nahrhaft
schlappe, schlottern, schlaff gehen; zuviel Spielraum haben
schlappich, schlaff, nachlässig in der Kleidung
Schlappschohn, m, Schlappen, Schlappschuh
Schlau, w, Mz **-e, Schläuche** und **Schlöche,** s, Mz **-r,** Rinne
Schläup, w, Mz **-e,** Schlaufe, Spitzkloben
schläupe, mit einer Schlaufe sichern
Schavitt und **Schlavittche,** s, Rockkragen, Zipfel
Schlech, m, Mz **-e,** natürliche Anlage, Geschicklichkeit, Fertigkeit, Anstelligkeit, Kenntnis, Kniff, Schlich
Schleck und **Schneck,** w, Mz **-e,** Schnecke
schlecke, schlucken
Schlecks, m, Schluckauf
schleckse, schlucksen
Schleeß, w, Mz **-e,** Schließe; Splint, Schlußkeil, Hahnbolzen

schleeße, schließen
Schleeßholz, s, Mz **-hölzer,** dreikantiges Holz zum Festlegen der Fässer
schleeßlich, schließlich
Schlei, w, Mz **-e,** Schleie
Schleifkiddel, m, Mz **-e,** Trändler, säumiger, langweiliger Mensch
schleivere, beseibern; beim Tragen über die Erde schleifen; verschütten
schlemm, schlimm, böse
Schlenker, m, schlenkernde Bewegung beim Gehen
schlenkere, schwankend gehen
Schleppe, m, Rockschoß, loshängende Teile an Kleidern
Schleß, m, Heißhunger
schliche, schleichen
Schlicher, m, Schleicher
Schlichhubbel, m, Mz **-e,** Hobel zum Glätten
schliefe, schleifen
Schliefstein, m, Schleifstein
Schliem, m, Schleim
schliemich, schleimig
schließe, schleißen
Schlih, w, Mz **-e,** Schlehe
schlih, herb
schlippere, verschleppen, versäumen
Schlipprian, m, Mz **-e,** säumiger Mensch
Schlöcher, m, **Schlöschersch,** w, Mz **-e,** Leckermaul, Feinschmecker; einer, der sich etwas erschleicht
schloddere, schlottern
Schlof, m, Schlaf; Schläfe
schlofe, schlafen
schlöfele, schläfeln
Schlöfer, m, Schläfer; Schlafrock
schlöferich, schläfrig
Schlofmötz, w, Mz **-e,** Nachthaube; fauler, langsamer, schläfriger Mensch
Schlofsül, w, Mz **-e,** Langschläfer
schlon, schlagen; Pfeifen der Vögel; Ausschlagen beim Vieh; Prägen von Münzen; in Fesseln legen

Schlopp, m, Mz **Schlöpp,** Band- und Halstuchschleife
schlöppe, Knoten und Schleifen binden
Schloß, m, Schluß
Schloß, s, Mz **Schlösser,** Schloß
Schlot, s, Salat
Schlotbunn, w, Mz **-e,** Salatbohne
Schlotschnüß, w, Mz **-schnüsse,** großer breiter Mund
Schlotter, m, Mz **-e,** Holzkasten mit Henkel, Siebkorb zum Ausschlagen des gewaschenen Gemüses; läppische, tolle Person
Schlotterappel, m, Mz **-äppel,** gelber, länglicher Apfel mit losen Kernen im Gehäuse
Schlotterkopp, m, Mz **-köpp,** einfältiger, toller Mensch
schluche, erschleichen, naschen, gierig schlingen, unrechtmäßig oder zu billig erwerben
schluchich, feinschmeckerisch
Schluchmul, w, Mz **-müler,** Feinschmecker, Leckermaul
Schluckalles, m, habsüchtiger Mensch, Nimmersatt, Vielfraß
schluckse, schluchzen
schluddere, schütteln, schwingen
schludderich, liederlich, nachlässig, ungeregelt, unordentlich
Schludderschrabber, m, Barbier
Schluffe, m, Schlappschuh, ausgetretener Pantoffel
schluffe, schleichend gehen
Schluffes, m, Mann mit schlappendem Gang
Schlüffje, s, Mz **-r,** Pantöffelchen
Schlummerkopp, m, Mz **-köpp,** duseliger Mensch
Schlungk, m, Mz **Schlüngk,** Schlund
Schlünkes, m, schleimiger Auswurf
schluppe, gemütlich trinken
schlürpe, schlürfen
Schluußmang, w, Mz **-e,** und **Schluußkorv,** m, Mz **-körv,** Schließkorb
Schmaach, Schmach
Schmaachlappe, m, schmachtender Verliebter
schmaachte, schmachten
schmacke und **schmagge,** hauen, hinwerfen

Schmackes, Mz, Hiebe, Schläge
Schmalbedaach, m, lange, hagere Person
Schmätz, m, Mz **-e,** Schmerz
schmätze, schmerzen
Schmeck, w, Mz **-e,** Peitsche
schmecke, peitschen
schmecke, schmecken
Schmeckekläng, m, Endschnur der Peitsche
Schmeckestil, m, Peitschenstiel
schmeeje, schmiegen
Schmeer, m und w, Schmier, Fett; Schläge, Hiebe, Prügel
Schmeerlapp, m, Mz **-e,** unreinlicher Mensch
Schmeß, m, Mz **Schmesse,** Regen mit Sturm
Schmeß, m, Mz **Schmeß** und **Schmesse,** Fechtnarbe; Schneid
schmidde, schmieden
Schmidsförche, s, Mz **-r,** Schmiedefeuerchen
Schmiesje, s, Mz **-r,** Oberhemd
schmieße, schmeißen, werfen
Schmiralje, w, Schmutz
schmirre, schmieren, bestechen
Schmolz, m, alles zusammen
Schmölzje, s, Haufen, Menge, Rotte
schmore, rauchen
Schmuddel, m, Schmutz, Unsauberkeit
schmuddele, schmutzig machen
schmuddelich, schmutzig, unsauber; schwülwarm
Schmuddelpott, m, Mz **-pött,** schmierige Person
schmuggich und **schmüggich,** behende, biegsam
schmuse, schmausen, schnüffeln; tuscheln; schäkern
schmuulmaache, auf unredliche Weise aneignen
Schmuusbüggel, m, Einschmeichler, Vielschwätzer
schnaaftich!, Ausruf des Erstaunens, des Schreckens, der Verwunderung, etwa bei einer Ohrfeige
Schnabbeck, m, Mz **-e,** vorlautes Maul
schnabbeleere, essen
schnack, straff, schlank
schnackav, kurzweg, plötzlich endend
schnackop, aufrecht, geradeauf

schnackus, geradeaus

schnackhörich, straffhaarig

Schnadder, Schnadderelster, w, Mz **-e,** Schwätzerin

schnaddere, schnattern, zähneklappern

Schnäggelche, s, Mz **-r,** Milchschweinchen

Schnall, w, Mz **-e,** Schnalle

Schnall, w, Mz **-e,** Dirne

Schnapp, w, Mz **-e,** Taubenschlag

Schnapp, m, Mz **-e, Schnäppche,** s, Mz **-r,** vorteilhafter Kauf, erhaschter Gewinn

schnappe, auffangen

Schnappmeß, w, Mz **-messe,** kurze Messe

schnarkse, schnarchen

Schnau, m, Anschnauzerei

schnaue, anschnauzen, anranzen

schnäuse, naschen

Schnäuser, m, Nascher

Schnäuv und **Schnäus,** w, Mz **-e,** naseweise Person

schnäuve, schnauben, schnobern, ausspekulieren, herumstöbern

Schnäuver, m, Anschnauzer, Grobian

Schnäuversche, s, Mz **-r,** vorlautes Kind

Schnäuversch, w, Mz **-e,** grobes, zänkisches Frauenzimmer

schnäuze und **schnütze,** die Nase putzen

Schnäuzer, m, Mz **-e,** Schnurrbart

Schneck und **Schleck,** w, Mz **-e,** Schnecke

Schnei, m, Schnee

schneihagelwieß, so weiß wie Hagel und Schnee

Schneiklotz, m, Mz **-klötz,** Schneeball

Schnepp, w, Mz **-e,** Schnepfe; Dirne

Schnett, m, Schnitt, Getreideernte

Schnett, m, **Schnettche,** s, Gewinn

Schnettche, s, Mz **-r,** belegtes Butterbrot

Schnetzel, Mz, Schnitzel

Schnibbel, m, Mz **-e,** Fetzen; Frack

Schnickbank, w, Mz **-bänk,** Schneidebank

Schnicknudel, w, Mz **-e,** Bandnudel

Schnickschlot, s, Schnittsalat

Schnieder, m, Schneider; schmächtiger Mensch; Wasserjungfer (Insekt); Weberknecht (Spinne)
schniedere, schneidern, Kleider machen
Schniedersch, w, Mz **-e,** Schneiderin
Schniederschfinger, m, Mz **-e,** zarte, an keine Arbeit gewöhnte Finger
schniffele, fein regnen oder schneien
schnigge, schneiden
schnippele, zerschneiden, schnitzeln
schnippich, unhöflich, frech
Schnokefänger, m, Possenreißer, Spaßmacher, Witzbold
Schnops und **Schnuppe,** m, Schnupfen
Schnor, w, Mz **Schnör, Schnörche,** s, Mz **-r,** Schnur
schnöre, schnüren
schnorke und **schnorkse,** schnarchen
Schnörkel, m, Mz **-e,** Schnörkel, gewundene Linie, besonders bei Unterschriften
schnörkele, schnörkeln
Schnorrant und **Schnurrant,** m, Mz **-e,** herumziehender Musiker
schnorstracks, schnurgerade, geradeaus
schnubbere, schnobern, beriechen; stöbern
Schnuck, m, Mz **-e,** plötzlicher heftiger Ruck
Schnuddel, m, Mz **-e,** Nasenschleim
schnuddele, Nasenschleim ausschnäuzen
Schnuddelhungk, m, Mz **-hung,** und **Schnuddelsjung,** m, Mz **-e,** grüner Junge, einfältiger Bengel, Rotznase
Schnuddelspuut, m, Mz **-e, -weech,** s, Mz **-ter,** einfältiges, naseweises Mädchen
Schnüffje, s, Mz **-r,** Schnupftabaksprise; kleines, wertloses Geschenk; naseweise Bemerkung
Schnüffjesnas, w, Mz **-e,** jemand, der stark prist
Schnufftebak, m, Schnupftabak
schnugge, heftig schwingen, stoßen, zucken, kurz und plötzlich ziehen; hörbar, schluchzend weinen
Schnuggendeerche, s, Herzliebchen
Schnugges, m, **Schnüggelche,** s, Zärtlichkeitsausdruck für Geliebte und Kinder
Schnuppe und **Schnops,** m, Schnupfen

schnuppe, naschen
schnuppich, naschhaft
Schnurres, m, Schnurrbart
Schnüsel, m, **Schnüselche,** s, Herzliebchen
schnüsele, verliebt küssen
Schnüss, w, Mz **-e,** Maul, Schnauze
Schnüssemiebes, m, sauertöpfischer Mensch
schnüssich, sauertöpfisch, übel gelaunt
Schnütche, s, Mz **-r,** Schnäuzchen; Ausguß an Kannen
Schnuut, w, Mz **-e,** Ausguß, Schnauze
schnuve, schnauben, schnupfen
schö und **schön,** schön
Schobbe, m, Gelaß, Schuppen; Schoppen
schockeere, aufräumen, aufstellen, ordnen, unterbringen; erschrecken, bestürzt oder verlegen werden, anstößig erscheinen, unangenehm berühren
Schöckel, w, Mz **-e,** Schaukel
schöckele, schaukeln
Schöckelpäd, s, Mz **-päd** und **-päder,** Schaukelpferd
schödde, schütten; schütteln
schöddele, rütteln, schütteln
Schof, s, Schaf
Schöfer, m, Schäfer, Schafhirt
Schöfje, s, Mz **-r,** kleines Schaf; Zirrus-, Federwolken
Schofledder, s, Schafleder
Schohmächer, m, Schuhmacher
Schohn, m, Schuh
Schohnäl, m, Schuhnagel
Schohnsbengel, m, Mz **-e,** Schuhriemen
Schohnsreeme, m, Schnürriemen
Schold, w, Mz **-e,** Schuld
scholde, schulden
Scholder, w, Mz **-e,** Schulter
schöldich, schuldig
Schölp, w, Mz **-e,** Scholle, Fischsuppe, Muschel; Haarschuppe
Schoor, w, Schur
Schoorböösch, w, Mz **-te,** Scheuerbürste
Schoorbützje, s, Mz **-r,** Kuß mit unrasiertem Gesicht

Schooz, m, Mz **-e,** Schurzfell
schööze, schürzen
Schoozfell, s, Schurzfell, lederne Schmiedeschürze
Schöpp, w, Mz **-e,** Schaufel, Schüppe, Spaten; langer Fingernagel
Schopp, m, Schopf
Schöppe, Mz, beim Kartenspiel: Pik, Schüppen
schöppe, schaufeln
Schöppenaß, s, Pik-As
Schor, w, Mz **-e,** Regenschauer
Schör, w, Mz **-e,** Scheune
schore, scheuern; prügeln
Schörendöör, w, Mz **-dürre,** Scheunentor; großer Mund
Schörepooz, w, Mz **-e,** Scheunentor
Schores, w, Tracht Prügel
Schorsch und **Jörres,** m, Georg
Schoss, s, Mz **Schösser,** Schublade
Schoß, m, Mz **Schöß,** Schuß; Keim von Früchten und Pflanzen
Schossee, w, Mz **-e,** Landstraße
Schösser, m, Mz **-e,** dicker Klicker
Schößje, s, Mz **-r,** kleine Semmel; Schublädchen
Schottel, w, Mz **-e,** flache Schüssel
Schöttelche, s, Mz **-r,** Schüsselchen, Unterteil der Tasse
Schötz, m, Mz **-e,** Schütze
schötze, schützen
Schötzebroderschaff, w, Mz **-schafte,** Schützengilde
Schraatel, w, Mz **-e,** Schwätzerin
schraatele, mit kreischender Stimme laut sprechen, durcheinander reden
Schraatelsmul, w, Mz **-müler,** geschwätzige Person
schrabbe, schrappen
schrabbich, geizig, knauserig
schräch, schräg
schräffe, schröpfen
Schräffkopp, m, Mz **-köpp,** Schröpfkopf
Schrage, m, Holzgestell mit vier Füßen zum Aufstellen von Waschbütten; lange Beine
Schramm, w, Mz **-e,** Narbe, Schramme

schramme, schrammen, abgleiten
Schrammstein, m, Schutzstein an Häuserecken
schrecke, erschrecken
Schreff, w, Mz **Schrefte,** Schrift
Schreffjelehte, m, Schriftgelehrter
Schreibätes, m, Schreibalg, Schreihals
schrieve, schreiben
Schriever, m, Schreiber
Schrieves, s, Mz **-e,** Brief, Schreiben
Schrievfedder, w, Mz **-e,** Schreibfeder
Schrievpapeer, s, Schreibpapier
Schrievstuvv, w, Mz **-e,** Schreibstube
schrigge, schreiten
Schring, m, Schrein
schro, abstoßend, arg, böse, häßlich, grob, herb, roh, kümmerlich
Schrom, m, Mz **Schröm,** Strich, Schramme; Tracht Prügel
schröme, verprügeln; linieren; schnell schreiben
Schroot und **Schrott,** m, Metallabfälle; feinkörniges Blei zum Schießen und zum Flaschenspülen
schroote, schroten, Fässer an Seilen in den Keller gleiten lassen
Schrottmüll, w, Mz **-e,** Schrotmühle
schrubbe, scheuern
Schrübber, m, Mz **-e,** Scheuerbürste mit langem Stiel
Schrump, w, Mz **-e,** Geige
schrumpe, schrumpfen; geigen
Schrumpel, m, Mz **-e,** Runzel; altes Weib
schrumpele, zusammenschrumpfen
schrumpelich, gerunzelt, runzelig
Schrung, w, Mz **Schrüng,** blutiger Hautriß
schrünge, schrunden, Haut abschürfen
Schrüpp, Mz, Hiebe, Schläge
Schrupphubbel, m, Mz **-e,** Hobel
Schruut, w, Mz **-e,** Truthenne; dumme Person
Schruutekopp, m, Mz **-köpp,** Dummkopf
Schruuthahn, m, Mz **-e,** Truthahn
Schruv, w, Mz **-e,** Schraube

schruve, schrauben
Schruvknääch, m, Mz **-te,** und **Schruvzwing,** w, Mz **-e,** Schreinerwerkzeug zum Festschrauben eines Werkstücks
Schruvstock, m, Mz **-stöck,** Schraubstock
Schü, w, erkaltete Bratentunke
schubbe, gelinde kratzen, schaben, scheuern, an einem Gegenstand reiben
schubbich, ärmlich, schäbig; frostig, kalt
Schubbjack, m, Betrüger, Schurke, Taugenichts
Schudder, m, Mz **-e,** Schauder, Erzittern
schuddere, schaudern, frösteln
Schudderhot, m, Mz **-höt,** ärmlich gekleideter, auch erbärmlicher Mensch, feiger Kerl, Lump
schudderich, erbärmlich, fröstelnd, schauderhaft
schuffele, schaufeln
Schuffelieser, s, Mz **-e,** kleiner Spaten zum Jäten des Unkrauts
schuggich, frostig, kalt
Schukelad, m und w, Schokolade
Schull, w, Mz **-e,** Schule
Schümche, s, Schäumchen; Sekt
schüme, schäumen
schüngele, erbetteln, betrügen, übervorteilen
Schüngelei, w, Mz **-e,** kleine Betrügerei
schüngelich, betrügerisch, knauserig
Schüngelskrom, m, Bettelkram, wertloses Zeug
Schupp, m, Schub, Stoß
schuppe, schieben, wegstoßen
Schupps, m, Mz **-e,** Stoß, Schub
schuppse, fortdrängen, schieben, stoßen
Schurf, m, Schorf
schürje, eine Handkarre schieben
Schürjer, m, Karrenschieber
Schurnal, s, Mz **-e,** Zeitung
Schürreskar, w, Mz **-e,** Schubkarre
schurvele, hörbar über etwas rutschen, schieben
Schurveltrumpett, w, Mz **-e,** Ziehposaune
schuselich, ärmlich, abgelebt, abgemagert, verschlissen

Schut, w, Mz **-e,** Fruchtschote, Hülse
Schützel, s, Mz **-e,** Schürze
Schuum, m, Schaum
Schuuß, m, Mz **Schüüß,** Schoß, Rockschoß
Schuußfell, s, Mz **-e,** lederner Schurz der Faßbinder, Schuster, Schmiede
schuve, schieben
Schwäät, s, Mz **-er,** Schwert
schwabbele, wackeln, schlottern
schwabbelich, schlotterig, schwammig
Schwabbelsbuch, m, Mz **-büch,** Dickwanst, Hängebauch
Schwachmatikus, m, Schwächling
Schwad, w, Mz **-e,** Schwarte, Fleischhaut
Schwaddem und **Schwadem,** m, Dunst
schwaddeme und **schwademe,** dunsten
schwade, Rinde ablösen; prügeln; schwätzen
Schwademage, m, Magenwurst; kleine, dicke Person
Schwalv und **Schwalvter,** w, Mz **-e,** Schwalbe
Schwalvterstätz, m, Mz **-e,** Schwalbenschwanz; Frackrock
schwänze, die Schule versäumen
schwänzele, sich dienstfertig bemühen, sich anbiedern
schwatz, schwarz
Schwätz, w, Schwärze
Schweinnickel, m, Schweinigel
Schwejel, m, Schwefel
Schwejelche, s, Mz **-r,** Schwefelhölzchen
Schwellbalch, m, Mz **-bälch,** Dickwanst, feiste Person
schwemme, schwimmen
Schwenkbüttche, s, Mz **-r,** Bottich aus Holz oder Metall zum Reinigen der Trinkgläser in Wirtschaften
Schwerde, w, Schwere
Schwerenutsjung, m, Mz **-e,** durchtriebener, verschmitzter, verschlagener Junge
Schwerre, m, Geschwür
schwerre, eitern
Schwesterschkind, s, Mz **-er,** Geschwisterkind, Neffe oder Nichte
schwetze und **schweißte,** schwitzen

schwevve, schweben
Schwiddel, m, Mz **-e,** Haarpinsel zum Bestreichen des backfertigen Brotes
schwije, schweigen
Schwijermo und **Schwijermoder,** w, Schwiegermutter
Schwijersch und **Schwöjersch,** w, Mz **-e,** Schwägerin
Schwijerva und **Schwijervatter,** m, Schwiegervater
schwind, geschwind
Schwippschwoger, m, Mz **-schwöjer,** und **Schwippschwöjersch,** w, Mz **-e,** Bruder und Schwester von Schwager und Schwägerin
Schwitjee, m, Mz **-s,** Bummler, Schwindler, Verschwender, Säufer
Schwitt, w, Mz **-e,** Anhang, Gefolge, Klicke
schwitteseere, leichtlebig sein, Geld draufmachen
Schwoof, m, Tanzen, Herumtreiben
Schwoger, m, Mz **Schwöjer,** Schwager
Schwöjersch und **Schwijersch,** w, Mz **-e,** Schwägerin
schwöl, schwül
schwöre, schwören
Schwulität, w, Mz **-e,** aufregende Verlegenheit
schwunke, schwanken, schwingen
sechere, sichern
Seck, m, Seich, Urin
Seckom, w, Mz **-e,** Ameise
seech, krank, siech
Seech, m, Mz **-e,** Sieg
Sef, Fien, s, Josefine
seje, siegen
sei, w, sie
Sei, w, Mz **-e,** Sieb
seie, sieben
Seifeblos, w, Mz **-e,** Seifenblase
Seifekümpche, s, Mz **-r, -schottel,** w, Mz **-e, -schöttelche,** s, Mz **-r,** Seifennapf
Seifeschuum, m, Seifenschaum
Seiver, m, Speichel
seivere, seibern
Seiverläppche, s, Mz **-r,** Kinderserviette

Seivermanes, m, und **-mul,** w, jemand, der sich beseibert
selde, selten
Seldenheit, w, Mz **-heide,** Seltenheit
Selver, s, Silber
selver, selber
Selverschaaf, s, Mz **-schääfer** und **-schäffer,** Silberschrank
Selvkant, w, Mz **-e,** nicht geschnittenes Gewebeende
selvs, selbst
Senn, m, Sinn
senne, sinnen
serveere, bedienen
Serviejett, w, Mz **-e,** Serviette
Sett, s, Elisabeth
Setz, m, Mz **-e,** Sitz
setze, sitzen
setze, setzen
sevve, sieben
sibbe, sieben (Zahl)
sibbente, siebenter
sibbenzehn, siebzehn
sibbenzich, siebzig
Sibbesackpiefe, Mz, Siebensachen
Sick, w, Seide
Sick, w, Mz **Sigge,** Seite; Darmsaite
sie und **sin,** sein
Sie, w, die See, m, der See
sie, säen
siefe, träufeln, triefen
siefich, sickernd, triefend
siefnaß, triefend naß
Siefnas, w, Mz **-e,** vom Schnupfen feuchte Nase
Siehungk, m, Mz **-hung,** Seehund
Siel, w, Mz **-e,** Seele
Sieleamp, s, Mz **-ämter,** Hochamt für Verstorbene
Sielemeß, w, Mz **-messe,** Totenmesse
sieleverjnöch, seelenvergnügt
Sielöv, m, Mz **-e,** Seelöwe
sigge, seiden

Siggendeil, s, Seitenteil
Siggepapeer, s, Seidenpapier
Siggescheff, s, Mz **-e,** Seitenschiff in einer Kirche
Siggewäch, m, Mz **-e,** Seitenweg
Sijel, s, Mz **-e,** Siegel
sijele, siegeln
sillich, selig
simeleere, grübeln, nachdenken
sin, sehen
sing, sein
singe, singen
Singenal, s, Mz **-e,** Zeichen, Signal
singesjliche, seinesgleichen
singethalver, seinethalben
singetwäje, seinetwegen
Sock, m, Mz **Söck** und **Socke,** Socken
Söffer, m, Säufer
söffich, mundend, trinkbar
söke, suchen
Soll, w, Mz **-e,** Sohle
solle, sohlen
Sölz, w, Sülze
Som, m, Same
Son, m, Mz **Sönn,** Sohn
Sonn, w, Mz **-e,** Sonne
söns, sonst, ehemals
soor, sauer
Soorampel, m, Sauerampfer
Soorbrode, m, Sauerbraten
Soordeißem, m, Sauerteig
söörlich, säuerlich
Soormos und **Soorpott,** m, griesgrämiger Mensch
Soot, w, Mz **Sode,** Gosse, Rinne
söß, süß
Söster, w, Mz **-e,** Schwester
Sot, w, Saat
spack, eng, knapp, straff, wenig
späder, später
Spang, w, Spange; Fußspanne

Spann, w, Spanne, Fußrist
spannewick, so weit offen wie möglich
Spannreeme, m, Schusterknieriemen
Sparbüß, w, Mz **-büsse,** Sparbüchse
Sparjes, m, Spargel
Spau und **Spei,** m, Speichel
spauze, spucken, speien, sprühen
spazeere, spazieren
Speckbunn, w, Mz **-e,** gelbe Brechbohne
specke, spicken; überfüttern
Speckhammel, m, Dickwanst
Speckjuv, w, Mz **-e,** fette Person
Specknol, w, Mz **-nolde,** Spicknadel
Spei und **Spau,** m, Speichel
Speiback und **Speibeck,** s, Mz **-e,** Spucknapf
speie, speien, spucken
Speimanes, m, jemand, der beim Sprechen Speichel ausspritzt; stehende Figur im Kölner Puppentheater
Spejel, m, Mz **-e,** Spiegel
spejele, spiegeln
spendabel, freigebig
spendeere, austeilen, schenken, ausgeben
Spenn, w, Mz **-e,** Spinne; sehr magere, kleine Person
spenne, spinnen
Spennefeind, m, Mz **-e,** Todfeind
Spenneflecker, m, magerer, behender Mensch; hagere, kränkliche Person
Spennejäjer, m, Mz **-e,** Spinnenvertilger; langstieliger Haarbesen zum Abkehren der Wände und Decken
Spennekopp, m, Mz **-köpp,** siehe Spennejäjer
Spennewebs, s, Spinnengewebe
sperrewick, sperrweit, sehr weit geöffnet
Sperver und **Spervter,** m, Mz **-e,** Sperber
spetz, spitz; schmächtig und elend aussehend
Spetzbov, m, Mz **-e,** Spitzbube
Spetzboverei, w, Mz **-e,** Spitzbüberei
spetze, spitzen; sich auf etwas freuen, erhoffen
spetzfindich, spitzfindig
Spetzhau, w, Mz **-e,** Spitzhacke

Spetzieser, s, Mz **-e,** viereckiger Steinhauermeißel
Spezereilade, m, Kolonialwarenladen
spezifizeere, verzeichnen, einzeln anführen
Spiddel, m, Mz **-e,** kleiner Keil, eingesetztes Stück Zeug
spideere, spedieren
Spidol, s, Mz **Spidöler,** Hospital
Spidöler, m, kraftloser Wurf beim Kegeln
Spien, m, Span
Spier, s, Mz **-e,** Kleinigkeit; sehr mageres Kind
Spies, w, Speise; Mörtel
Spiesback und **Spiestrooch,** m, Mz **-tröóch,** Mörtelkasten
Spijon, m, Mz **-e,** Spion
spijoneere, spionieren
spikelativ, beobachtend, forschend, spekulativ
Spikelazius, m, Spekulatius (Weihnachtsgebäck)
Spikeleer, m, Spekulation
spikeleere, beobachten, nachsinnen, grübeln, spekulieren
Spill, s, Spiel
Spillche, s, Mz **-r,** Spielchen
spille, spielen
Spillerei, w, Mz **-e,** Kleinigkeit, Spielerei
Spillratz, w, Mz **-e,** leidenschaftlicher Spieler; verspieltes Kind
Spillverderver, m, Spielverderber, Störenfried
spingkse, genau zusehen, scharf beobachten
spintiseere, ausklügeln, auskundschaften, grübeln
Spirjitzje, s, Mz **-r,** hochtrabende Ideen, leere Ausreden, tolles Geschwätz
Spirjitzjesmächer, m, Windbeutel, einer, der tolle Streiche anstellt oder hoch hinauswill
splecke, spalten, spleißen
Spleckkopp, m, Mz **-köpp,** Schuhnägel mit großen Köpfen
Spleß, m, Mz **Splesse,** Splint; Haarpfeil
Spleßnäl, m, Splint
spließe, spleißen
Splinter, m, Mz **-e,** Splitter
splinternack, splitternackt

splinternagelneu, ganz neu
spode, eilen, sputen
Spok, m, Spuk
Spök, Mz, Hirngespinste; tolle Streiche
spoke, spuken
Spol, w, Mz **-e,** Spule
Spölbüttche, s, Mz **-r,** Spülbottich
spole, spulen
spöle, spülen
Spölquaß, m, Mz **-quaste,** Spülbesen
Spölsel, s, Spülabfall, Spülwasser
Spölsplagge, m, Spültuch
Spölstein, m, Spülbecken
Spon, m, Mz **Spön,** Span
Spoor, w, Mz **-e,** Spur
spöre, spüren
Sporre, m, Sporn
spratte, sich sperren, sich weigern
sprattele, zappeln
spreide, spreiten
Spreit, w, Mz **Spreide,** Decke für Tisch oder Bett
sprenkele, benetzen, besprengen, buntscheckig oder fleckig machen
Spreuz, w, Mz **-e,** Spritze, Gießkanne
spreuze, spritzen
Spreuzejebäcks, s, Spritzgebäck
Sprijitzje, s, Mz **-r,** Seitensprung
Sproch, m, Mz **Spröch,** Spruch, Glückwunschgedicht
sprochrief, spruchreif
sprock, spröde, leicht zerbrechlich
Sprol, w, Mz **-e,** Star
Spronzel, w, Mz **-e,** Sommersprosse
spronzelich, sommersprossig
Sprooch, w, Mz **-e,** Sprache
spruddele, sprudeln, rasch sprechen
Sprung, m, Mz **Sprüng,** Sprung; Quelle
Sprung, m, Mz **Sprüng,** Riß in Porzellan oder Glas; leichtsinniger Streich, unüberlegte Handlung
Spruut, w, Mz **-e,** und **Sprüütcher,** Rosenkohl

Staat, w und m, Pracht, Pomp, Prunk, Putz
staats, aufgedonnert, geputzt, hübsch, prächtig, schön, wundervoll
Staatszemmer, s, Mz **-e,** das beste Zimmer, Empfangszimmer
Stabel, m, Stapel
stabeleet, beständig
stabeljeck, völlig verrückt
staffeere, herausputzen
Stakett und **Stankett,** s, Mz **-e,** Zaun aus Eisen- oder Holzstäben
Stamp, w, Mz **-e,** Stampfe
stampe, stampfen
Stän, m, Stern
Stänekicker, m, Astronom; jemand, der beim Gehen nach oben schaut
Stänemakron, w, Mz **-e,** sternförmige Suppennudel
stänevoll, völlig betrunken
Stang, w, Mz **-e,** Stange
Stänker, m, Händel suchende oder verursachende Person; stinkender Mensch
Stänkerei, w, Mz **-e,** Streit, Wortwechsel
stantepee, stehenden Fußes
Stänz, s, Konstantia
Stator, w, Mz **-e,** Statur
Stätz, m, Mz **-e,** Schwanz
Stätz, m, **Stätzje,** s, kleiner Rest im Glas oder in der Flasche
Stätzschwenker, m, Schmeichler
Stätzschwenkerei, w, Mz **-e,** Umschweife, ausweichende Antworten, Schmeichelei
stäuve, stauben; sich aus dem Staub machen, laufen gehen, wegjagen
Stäuver, m, Mz **-e,** Handfeger
Stav, m, Mz **Stäv,** Stab
Stech, m, Stich, ironische Bemerkung
steche, stechen, stecken
Stechel, m, Mz **-e,** Stichel
stechele, spötteln, sticheln

stechenblink, stockblind
stechendüster, stockfinster
Stechnol, w, Mz **-de,** Stecknadel
stecke, sticken
steckich und **stecksich,** bei Mehl: verdorben; bei Flüssigkeiten und Früchten: gegoren
Stecklatze und **-hölzer,** Mz, dünne Holzstäbe zum Versteifen des Deckenputzes
Stecklooch, w, stickige Luft
Steefbroder, m, Mz **-bröder,** Stiefbruder
Steefdochter, w, Mz **-döchter,** Stieftochter
Steefkind, s, Mz **-er,** Stiefkind
Steefmoder, w, Stiefmutter
Steefschwester, w, Mz **-e,** Stiefschwester
Steefson, m, Mz **-sönn,** Stiefsohn
Steefvatter, m, Stiefvater
Steen, w, Mz **-e,** Stirn
Steer, m, Mz **-e,** Stier
steer, starr, stier, unbeweglich
steerich, stierig, glotzend, brutal
Steff, m, Mz **Stefte,** Stift
Steffe, m, Stephan
stefte, stiften, nageln
Steinjot, s, hartgebrannte Töpferwaren
Steinmängche, s, Mz **-r,** kleiner geflochtener Weidenkorb mit zwei Henkeln
stell, still
Stellasch, w, Mz **-e,** Gestell, Ladenregale
stellches, still
stelle, stehlen
stelle, stillen
stelle, stellen
Steller, m, Dieb
Stellmeß, w, Mz **-messe,** stille Messe, Messe ohne Gesang
stellschwije, stillschweigen
stellschwijens, stillschweigend
Stemm, w, Mz **-e,** Stimme
stemme, stimmen

stemme, stemmen
sterve, sterben
Stervefall, m, Mz **-fäll,** Sterbefall
Stervenswötche, s, **hä säht kei – mih,** er sagt kein einziges Wort mehr
stibitze, auf listige Art Kleinigkeiten stehlen
stief, steif
Stief, w, Wäschestärke
Stief, m, steifer Mensch
Stiefledder, s, unhöfliche, unbeholfene, steife, förmliche Person
stiefstödich, auffallend, sonntäglich aufgeputzt
Stien, Stina, Sting, s, Christine
stieve, stärken
Stil, m, Mz **Still,** Stiel, Stengel
Stilmos, s, Gemüse aus den Blattstielen der Rübchen
Stinkbüggel, m, Stinker; dummer, verächtlicher Mensch
Stinkert und **Stinkes,** m, Stänker, Stinker
Stinkhuppet, m, Wiedehopf; stinkende Person
Stinkstivvel, m, erbärmlicher, verächtlicher Kerl
stippe, stützen
Stippe, m, Stütze
Stippeföttche, s, Tanz der Roten Funken, bei dem je zwei in gebückter Haltung mit den Gesäßen gegeneinander stehen
Stitzele, Stitzelcher, Mz, Beinchen
stitzele, tänzelnd, trippelnd mit kleinen Schritten gehen
Stivvel, m, Mz **-e,** Stiefel
stivvele, aufstellen, kramen, ordnen, zurechtstellen; gehen
Stivvelettche, s, Mz **-r,** Damenschnür- oder Zugstiefel
stoche, schüren; Branntwein brennen; heizen; hetzen
Stöcher, m, Heizer; Hetzer
Stochieser, s, Mz **-e,** Schürhaken
Stöck, s, Mz **-er,** Stück; Grundstück
stockdauv, ganz taub
Stöckelche, s, Mz **-r,** kleines Stück
Stöckelche, s, Mz **-r,** Anekdote, Schwank, Erzählung
stöckere, in Stücke zerteilen; Stücke aneinandersetzen

Stockfesch, m, Stockfisch
Stockfink, m, Mz **-e,** Grünfink
Stockflecke, m, Moderflecken
Stockvijul, w, Mz **-e,** Goldlack; dummer Mensch
stödich, aufgeputzt
Stoffel, m, Christoph; Dummkopf, Tölpel
Stohl, m, Mz **Stöhl,** Stuhl
Stohl, m, Stahl
stöhle, stählen
Stölp, w, Mz **-e,** Stulpe
stölpe, stülpen
Stölpstivvel, m, Mz **-e,** Stulpenstiefel
ston, stehen
stoor, stur, eigensinnig, sauertöpfisch, schweigsam
Stooz, m, Sturz; Eisenblech
Stoozbeer, s, Überlaufbier
Stoozbüttche, s, Mz **-r,** Sammelbecken, das beim Abzapfen von Flüssigkeiten unter den Kranen gesetzt wird
Stöpp, m, Staub
Stoppe, m, Stopfen
stoppe, stopfen, zupfropfen
stöppe, stauen; jemanden wegjagen
Stoppeträcker, m, Korkenzieher
Stoppfärv, w, Glaserkitt
stöppich, staubig
Stoppnol, w, Mz **-nolde,** Stopfnadel
Stör, w, Mz **-e,** Abgabe, Steuer
Stör, m, Mz **-e,** Stör
Störbock, m, Mz **-böck,** mürrischer Mensch
störe, stören
störe, steuern
Störesel, m, Mz **-e,** eigensinniger, störrischer Mensch
storkich und **storksich,** verdorben, verdorrt
Stoß, m, Mz **Stöß,** Saum am Kleid; Ruck, Stoß
stöze, stürzen, umfüllen
strack und **stracks,** sofort
strackhörich, straffhaarig
Strang und **Strangk,** m, Mz **Sträng,** Strang, Pflanzenstengel; Respekt

stränge, mit Stricken befestigen; gespanntes Garn oder Kordel zu Strängen zerteilen
Strangtubak, m, Rolltabak
strapezeere, übel zurichten, abmühen, verderben
Strau, w, Streu, Strohunterlage im Viehstall
Sträuf, w, Mz **-e,** Straufe am Frauenrock; Taubenschlag
sträufe, streifen
Strech, m, Strich
strechvoll, randvoll
Streck, m, Mz **-e,** Seil, Schlinge, Strick; Taugenichts
Streck, w, Mz **-e,** Strecke
strecke, stricken
strecke, strecken
Streckelche, s, Mz **-r,** kleiner Strick
Streckelche, s, Mz **-r,** kleine Strecke
Streckieser, s, Mz **-e,** Stricknadel
Streckjaan, s, Strickwolle
Streckscheid, w, Mz **-e,** Stricknadelbehälter
streue, streuen
Streusels, Streuzeug, Blätter und Blumen zum Streuen auf dem Prozessionsweg
strevve, streben
Strichbrett, s, Mz **-bredder,** Bügelbrett; busenlose Frau
striche, streichen, streifen, bügeln
Strichieser, s, Mz **-e,** Bügeleisen
Strichmoß, Mz **-e,** Anreißmaß für Holzarbeiter
Strichreeme, m, Streichriemen zum Abziehen
Strick, m, Streit
Strickstöcher, m, Aufwiegler
Striefe, m, Streifen
striefe, streifen
striefich, gestreift
strigge, streiten
stritze, Kleinigkeiten mit List entwenden
strofe, strafen
Ströfling, m, Mz **-e,** Sträfling
Strohl, m, Mz **-e,** Strahl
strohle, strahlen
Stropp, m, Mz **Ströpp,** Schleife, Strippe; Schalk, Lümmel

ströppe, Schleifen binden, Schlingen legen, abzwicken
Ströpper, m, Herumstreicher, Vagabund; Wilddieb, der Schlingen legt; Wucherer
Stroß, w, Mz **-e,** Straße
Stross, m, Mz **Ströss,** Gurgel, Kehle
strösse, erdrosseln, gurgeln; husten bei Verstopfung der Speiseröhre
strubbelich, struppig, zerzaust
Struch, m, Mz **Strüch,** Strauch
struche und **struchele,** straucheln
struddele, stottern, in Verlegenheit oder Trunkenheit unverständlich reden
Strüh, s, Stroh
Strühböd, w, Mz **-e,** Strohbund
Strühhot, m, Mz **-höt,** Strohhut
strühjääl, strohgelb
Strühkabaß, m, Mz **-kabäß,** Strohtasche
Strühmatt, w, Mz **-e,** Strohmatte
Strühpaljaß, m, Mz **-paljaste,** Strohbettunterlage
Strühpulle, m, Strohbettsack
Strühschnigger, m, Strohschneider
Strühshälm, m, Strohhalm
Strumien, m, Stramin, Stickgewebe
Strump, m, Mz **Strümp,** Strumpf
Strumpbängel, m, Mz **-e,** Strumpfband
Strunk, m, Mz **Strünk,** Blattrippe, Stengel
strunze, auf etwas pochen, prahlen, lobend übertreiben, angeben
Struuß, m, Mz **Strüüß,** Strauß, Bukett
struvvelich und **strubbelich,** struppig, zerzaust
Stubbeditzje, s, Mz **-r,** der kleine Finger; ein kleines Kind
Stuff, w, Mz **-e, Stüffje,** s, Mz **-r,** Stube
Stump, m, Mz **Stümp,** Stumpf, das Abgestutzte, kleines Ende, Stummel
Stümpche, s, Mz **-r,** kleines Kind
stümpe, abstumpfen, kürzen, Haare schneiden
Stupp, m, Mz **Stüpp,** Ruck, Stoß
Stüpp, m, kurzer Frauenunterrock
stupp, gedrungen, klein, kurz, stumpf, verkürzt

stüpp und **stüppsch,** abstoßend, einsilbig, kurz angebunden, still, wortkarg
stuppe, stoßen
stüppe, abstumpfen, kürzen, Haare schneiden
Stuppnäsje, s, Mz **-r,** Stumpfnase
Stuppstätz, m, Mz **-e,** Stummelschwanz
Stuss, m, Unfug
stüsse, stoßen
Stüsser, m, Stößel; Stoßvogel
Stüsskant, w, Mz **-e,** Kantenbesatz am Frauenrock
Stußvugel, m, Mz **-vüjjel,** Stoßvogel, Raubvogel, Sperber
Stutt, w, Mz **-e,** Stute
Stutt, m, Mz **-e, Stüttche,** s, Mz **-r,** Weizenbrötchen
stuve, dampfen, langsam kochen
Stuvvekrejer, m, Stubenhocker
Stuvvendöör, w, Mz **-dürre,** Stubentür
su, so
subal, sobald
suddele, sudeln
Sudder, m, Sudel, Speichel; die in der Pfeife und im Ausguß sich sammelnde Flüssigkeit
suffe, saufen
süffisant, hinreichend, genügsam; eingebildet, selbstzufrieden
Suffpatron, m, Mz **-e,** Gewohnheitstrinker
Sufful, w, Mz **-e,** Trunkenbold
Suchelster, w, Mz **-e,** Blutegel; Erpresser, Wucherer
suge, saugen
sujlich, sogleich
Sül, w, Mz **-e,** Schusterahle
süme, säumen
Summer, m, Sommer
Summerhüsje, s, Mz **-r,** Gartenhäuschen
summersch, den Sommer über
Summervugel, m, Mz **-vüjjel,** Schmetterling
Summs, m, der ganze Krempel; viel Gerede
Sump, m, Mz **Sümp,** Sumpf
sumpich, sumpfig
su'n, solch eine

su'ne, solch einer
suplizeere, bitten, um etwas ersuchen
suse, sausen
Suus un Bruus, Saus und Braus

T

Taas, w, Mz **-te,** Taste
taaste, tasten
Taat, w, Mz **-e,** Torte
Taatsch, w, Mz **-e,** Grasmücke
Tabelett, s, Mz **-e,** Speisebrett, Kredenzplatte
Tabernakel, m, Mz **-e,** Sakramentshäuschen; Kopf
Tachtel, w, Mz **-e,** Ohrfeige
tachtele, ohrfeigen
tackerent, tackerment, Fluch
tackermoot, Ausruf des Schreckens, des Unwillens
Täggel, m, Mz **-e,** Dackel
Taggemann, m, Mz **-männer,** kleiner krummbeiniger Mann
Talje, w, Taille
Täng, m, Gesichtsfarbe
Tappe und **Toppe,** Mz, Fußstapfen
tappe, stapfen
Tär, m, Teer
täre, teeren
Tarrequaß, m, Mz **-quaste,** Teerquaste mit Holzstiel
Täsch, w, Mz **-e,** Tasche
Tatsch, w, Mz **-e,** Ohrfeige
Tätsch, m, Straßenkot, pappige, schlammige Masse
Tätschekiiülche, s, Klickerspiel
tätschich, klebrig, schlammig, unausgebacken
taxeere, schätzen, abschätzen
tempereere, mäßigen
termineere, Almosen oder Beiträge sammeln, betteln
Teut, w, Mz **-e,** kannenförmiges Gefäß mit Henkel für Brauer und Küfer
teute, viel trinken; Wein mit Teuten umstechen
Theis und **Matjö,** m, Mathias
Thek, w, Mz **-e,** Ladentisch, auch erkerartig vorgebauter Sitz des Wirtes in älteren Bierschenken
Thekekaß, w, Mz **-te,** Thekenkasten; Ladeneinrichtung
Thekerüttche, s, Mz **-r,** eine zum Öffnen eingerichtete Scheibe am Kontrollfenster

Thekeschoß, s, Mz **-schösser,** Ladentischschublade
Thiater, s, Mz **-e,** Theater
Thres, s, Therese
Thrun, m, Mz **-e,** Thron
Tien, Tina, Stien, Stina und **Sting,** s, Christina
tiftele, tüfteln, mit Ausdauer und Sorgfalt Handarbeiten machen, etwas ausklügeln
tiftelich, heikel, kleinlich
Tilejrav, m, Mz **-e,** Telegraph
Till, Tilla und **Dilje,** s, Ottilie
Tillekateß, w, Mz **-tesse,** Delikatesse
Timp, w, Mz **-e,** Ecke, Zipfel, Kante
Tinn und **Zing,** w, Wasserzuber
Tipesch, w, Mz **-e,** Depesche
Tipoo, s, Mz **-s,** Depot, Gefängnis
tippe, mit den Fingerspitzen berühren
Tippel, m, Mz **-e,** Punkt
Tiraß, m, Bezeichnung für große Hunde
tirre jon, ausreißen, desertieren, laufen gehen
Tirvel, m, Mz **-e,** Purzelbaum
tirvele, kreiseln, ohrfeigen, straucheln, taumeln, überschlagen, wälzen, wirbeln
Tiß und **Battiß,** m, Baptist
titeleere und **tituleere,** benennen
Tittäche, s, Mz **-r,** Säugling
Titterche, s, Mz **-r,** Brustwarze; Mz: kleine Brüste
Toll, w, Mz **-e,** Krause an einer Frauenmütze
Tölp, w, Mz **-e,** Tulpe; dicke Nase
Tommes, m, **Tömmesje,** s, Thomas; dummer Mensch
Ton, m, Mz **Tön,** Ton, Mz: Späße, Witze, Schwierigkeiten, Umstände
Toon, m, Mz **Töön,** Turm
Toor, w, Mz **-e,** Tour
Tootsch, w, Mz **-e,** Fackel; ungeschickte Hand
tope, tappen
töpich, tölpelig, unbeholfen, ungeschickt
Törche, s, Mz **-r,** kleine Vergnügungsreise
Törelör, m, langweiliges Einerlei, Gedudele; wiederkehrender Schlußreim

Tort, m, Ärgernis, Qual, Schelmenstück
tösche, zwischen; – **nemme,** jemandem Verweise erteilen, Vorwürfe machen
Traach, w und m, Mz **-te,** Tracht
traachte, trachten
Trabant, m, Mz **-e,** unruhiges Kind
Träck, m, Neigung, Zug; w, Fischnetz
träcke, ziehen, reißen; erziehen
Trajuner und **Drajuner,** m, Dragoner; Mannweib
Traktätche, s, Mz **-r,** Abhandlung über religiöse oder ähnliche Fragen
Trakteer, m, guter Genuß, freiwillige Spende von Speisen und Getränken; Bewirtung
trakteere, bewirten, freihalten, behandeln
Trälje, w, Gitterstab
trammele und **trampele,** trippeln, mit den Füßen stampfen, sehr schnell laut auftreten
Trampeldeer, s, Mz **-e,** Kamel; unbeholfener Mensch
Träntelbotz, w, Mz **-e, Träntelfott,** w, Mz **-fött,** langsamer Mensch
träntele, etwas langsam besorgen, zaudern, zögern
Träntelsch, w, Mz **-e,** Träntlerin
tranzioneere, ärgern, quälen, plagen, peinigen
Trappenhüsje, s, Mz **-r,** Gelaß unter der Treppe
Trappenpoß, m, Mz **-poste,** Treppenpfosten
Tratsch, m, Schmutz, durch Regen aufgeweicht; übles Geschwätz, Verleumdung
tratsche, durch den Schmutz waten; übel nachreden
Trätschjaan, s, vierkantiges Fischnetz
traue, trauen, vertrauen; ehelich verbinden
Träuf und **Dräuf,** w, Mz **-e,** Dachrinne
Traut, Trautche, Drück, Drückche, Gerdrück, s, Gertrud
tredde, treten
Treechter, m, Mz **-e,** Trichter
Treer, Trier
Treff, Kreuzkarte beim Kartenspiel
Treff, m, Glück, Zufall; **ne jode –,** ein gutes Zusammentreffen
Treffas, und **-oos,** n, **Kreuz-Aß**

Trensje, s, Mz **-r,** kleine Öse
Trett, m, Treppenstufe
Trettmüll, w, Mz **-e,** Tretmühle
tribbele, trippeln, mit kurzen Schritten gehen
Tribbeleer, m, Quälerei
tribbeleere, quälend fordern, unablässig bitten
trieze, plagen, schinden, zerren
Trina, Tring, Tringche und **Katring,** s, Katharina
Trippe, m, Holzschuhe ohne Kappe
Trippstrell, s, märchenhafter, unbestimmter Ort
Tron, m, Tran
Tron, w, Mz **-e,** Träne
tröne und **trone,** mit Tran einschmieren
Tronskann, w, Mz **-e,** Trankanne; schläfrige Person; jemand, der gewohnheitsmäßig viel trinkt
Troor, w und m, Trauer
Troor, m, Trauerband an Hut oder Ärmel; **zom – sin,** hin sein, verloren sein
trore, trauern
trorich, traurig
Tröt, w, Mz **-e,** Trompete
tröte, ein Horn blasen, trinken
Trötemann, m, Mz **-männer,** Trompeter; Zecher
Trövsal, w, Trübsal
Trubbel, m, Trubel
Truffel, w, Mz **-e,** Maurerkelle
Trumm, w, Mz **-e,** Trommel; Bauch; Hintern
Trummel, m, **Trümmelche,** s, kleine, gedrungene Frau
trummele, trommeln
Trummeleut, w, Purzelbaum
Trummelschläjer, m, Trommler; Trommelklöppel
Trump, m, Mz **Trümp,** Trumpf
trumpe, trumpfen
Trumpett, w, Mz **-e,** Trompete
Trumpetter, m, Trompeter
Trupp, m, Mz **-e,** Truppe, Gesindel, Sippschaft
truppewies, gruppenweise
Trus, m, Trost
trüste, trösten

Trüster, m, Tröster
Trutschel, w, schwerfällige Frau
Truuthahn, m, Mz **-e,** Truthahn
Tuback, m, Tabak
Tubacksbüggel, m, Mz **-e,** Tabaksbeutel
Tüll, w, Mz **-e,** Zwinge an einem Stiel; Ausgußröhre; Schraubstift zum Kalk- und Tünchpinsel
Tummel, m, Mz **-e, Tümmelche,** s, Mz **-r,** Taubenart
Tummeleut, w, Purzelbaum
Tümmler, m, Taube mit befederten Füßen
Tün, Tünnes, Antun, m, Anton
tüntele, tändeln, verzärteln
Tüntelei, w, Mz **-e,** Kleinigkeitskrämerei
tüntelich, kleinlich, zimperlich, verhätschelt
Tupp, m, Mz **-e,** Flecken durch Berührung mit schmutzigen Händen oder Füßen; gedruckte oder gewebte Tupfen auf Kleiderstoffen
Tuppe, s, Kartenspiel
tuppe, klopfen, Karten spielen
Türk, m, Türke, **ärme –,** schwacher, unfähiger Mensch
Turla, m, **em – sin,** betrunken sein
turmenteere, plagen, quälen
Turre, m, Türangel
tusche und **tüsche,** zum Schweigen bringen
tuschele, lispelnd sprechen, heimlich zuflüstern
Tüschje, m, in Formen gepreßte Farbstoffe zum Färben von Bilderbogen und Zeichnungen
tuschoor, immer
Tüt, w, Mz **-e,** Papiertüte
tütele, auf kleinliche, langsame Weise handeln und dadurch keinen Erfolg erzielen
Tütteler, m, Kleinigkeitskrämer
tüttelich, empfindlich, verzogen, zimperlich
Tüttelskrom, m, Kleinigkeitskram
tuttswitt, sogleich
Tuusch, m, Tausch
tuusche, tauschen
tüüsche und **duusche,** in den Ohren klingen
Tuut und **Tüt,** w, Mz **-e,** Papiertüte

Tüüt, Tröööt und **Trüüt,** w, Mz **-e,** Trompete
tüüte, tuten, ein Horn blasen
Tüüthoon, s, Mz **-höner,** Blashorn

U

üch, euch
Üdder, m, Euter
üh!, Zuruf für Zugtiere: Halt!
Ühm und **Ohm,** m, Mz **-e,** Oheim, Onkel
Ül, w, Mz **-e,** Eule; dumme Person
Ülespejel, m, Eulenspiegel
ümmes, jemand
umpaar, ungerade, unpaar
unadich, unartig, unangenehm
unanjesin, unangesehen
unbesin, unbesehen
Undauch und **Undooch,** w, Untugend, Böswilligkeit
Undauch und **Undooch,** m, Taugenichts
undeech, undicht
Undeechtichkeit, w, Undichtigkeit
Undeer, s, Mz **-e,** Untier; grobe, rohe Person
Underbotz, w, Mz **-e,** Unterhose
Underjang, m, Untergang
Underpand, s, Mz **-pänder,** Unterpfand
undersch, unterst
Underschengk, s, Unterende
Underschreff, w, Mz **-schrefte,** Unterschrift
unevve, uneben; **nit – sin,** nicht übel sein
unfazünglich, unförmlich, plump
unfliedich, unflätig
Unfridde, m, Unfrieden
unge, unten
unger, unter
ungerein, ungerenein und **ungerenander,** untereinander
Ungerengk, s, unteres Ende
ungerjon, untergehen
ungerkrije, unterdrücken, überwinden
ungerreechte, unterrichten
ungersch, zuunterst
Ungerscheid, m, Mz **-e,** Unterschied
ungerscheidlich, unterschiedlich, verschieden
Ungerschengk, s, das untere Ende

ungerschlon, unterschlagen
ungerschrieve, unterschreiben
ungersöke, untersuchen
ungerston, unterstehen; wagen, riskieren
ungerwahße, klein, gedrungen
ungerwäjes und **ungerwäs,** unterwegs
Ungerschte, m, Unterste
unjeaach, ungeachtet
unjebunge, ungebunden, fessellos, unbeschränkt
unjedäuf, ungetauft
unjedeilt, ungeteilt
unjedon, ungetan, ungeschehen
unjehalde, ungehalten
unjehubbelt, ungehobelt, roh, unartig
unjeläje, ungelegen
unjelettert, nicht wissenschaftlich gebildet, ungelehrt, unbelesen
unjenöchlich, unbehaglich, ungemütlich, mißvergnügt
Unjenöchte, w, Unbehagen, Ungemütlichkeit
unjenüßich, unbescheiden, unersättlich, unmäßig
unjeschuv, grob, plump, roh, unartig, unbescheiden, ungehobelt, ungeschickt, ungeschliffen
unjlich, ungleich
unjlöcksillich, unglückselig
unjot, ungut
üni, einfarbig, eben, flach, gleich
Unk und **Ink,** m, Tinte
Ünkel und **Unkels,** s, Talg
Ünkelskääz, w, Mz **-e,** Talglicht
Unkelstein, m, Basaltstein (aus Unkel am Rhein)
unklor, unklar
unkreßlich, unchristlich
Unkruck, s, Unkraut
unmaneerlich, ohne Anstand, unartig, unbescheiden
unminschlich, unmenschlich
unmüjjelich, unmöglich
unnötz, unnütz
unnüdich, unnötig
unöntlich, unordentlich

unpaß, krank, ungelegen, unpäßlich
unpäßlich, ungelegen, unwohl
Unraß, m, Mz **Unraste,** unruhige, unstete Person
Unrauh, w, Unruhe
unräuhich, unruhig
unrief, unreif
uns, unser, unsere
unschineet, ungeniert, frei, unbefangen
Unschold, w, Unschuld
Unschöldche, s, Mz **-r,** jemand, der sich den Anschein von Naivität gibt
unse, unser
Unverdraach, m, Uneinigkeit
unverhoots, plötzlich, unverhofft, unverhütet, unvermutet, unerwartet
unverwaat, unerwartet
Unwedder, s, Mz **-e,** Unwetter
Unzick, w, Mz **-zigge,** Unzeit
unziggich, unzeitig
Urjel, w, Mz **-e,** Orgel
urjele, orgeln
Urjeleß, m, Mz **Urjeleste,** Organist
Urjelskäl, m, Mz **-s,** Orgeldreher
Urjelspief, w, Mz **-e,** Orgelpfeife
Urjelswiev, s, Mz **-er,** Begleiterin des Orgeldrehers
us und **uus,** aus
usbränge, ausbringen, entdecken, verraten
Usbund, m, Mz **-bünd,** Ausbund, Taugenichts
usdeile, austeilen, verteilen
Usdor, w, Ausdauer
usdore, ausdauern
Usdrock, m, Mz **-dröck,** Ausdruck
usdröcke, ausdrücken
usdröcklich, ausdrücklich
usdun, ausziehen, ausstreichen, aushalten
uselich, schlecht aussehend
usenander und **usenein,** auseinander
Useneinskamm, m, Mz **-kämm,** Kamm mit weit auseinanderstehenden Zähnen

Usflooch, m, Mz **-flööch,** Ausflug
usföhrlich, ausführlich
ushecke, sich etwas ausdenken, planen, austüfteln, ausklügeln
usholle, ausholen, auskundschaften
ushölle, aushöhlen
usjedon, ausgezogen, ausgekleidet
usjekromp, ausgekramt
usjelaht, ausgelegt
usjeletsch, ausgeglitten
usjemaht, abgemacht, ausgemacht, vereinbart
usjerädt, ausgeredet
usjeredde, ausgeritten
usjeresse, ausgerissen
usjerodt, ausgerodet
usjespaut, ausgespuckt
usjestochen Bildche, s. Mz **-r,** blatternarbiges Gesicht
usjetrocke, ausgezogen
usjetrodde, ausgetreten
usjevve, ausgeben
usjewick, ausgeweitet
uskiele, fliehen, laufen
usklöje, ausfindig machen, ausklauben, ausklügeln, erfinden, ersinnen
usknuve, ausklauben, ausklügeln, ausspionieren
uskratze, auskratzen, ausreißen, weglaufen
uskrome, auskramen, ausschwätzen, Geheimnisse verraten, sich mit Worten Luft machen
uskumme, auskommen, ausreichen, entdeckt werden
usläje, ausbreiten, auslegen, ausquartieren, erklären
uslämpe, ausfasern, fadenscheinig werden
usletsche, ausgleiten
usmaache, ausmachen, sich belaufen, löschen, verabreden, vereinbaren
usmerjele, abmagern
usmunstere, ausmustern, ausrangieren
usnemme, ausnehmen, ausweiden, ausleeren
usnemmend, ausnehmend
uspaasche, ausquetschen, sich aussprechen

usrädde, ausreden
usrangscheere, ausmustern, fortwerfen
usreechte, ausrichten, Aufträge ausführen
usrenke, ausrenken, Glieder verrenken
usrieße, ausreißen
usriffele, Fäden aus einem Gewebe ziehen
usrigge, ausreiten
usrodde, Land urbar machen; ausrotten
usroppe, ausrupfen
ussäne, aussegnen
usschäppe, ausschöpfen
Usschlaach, m, Ausschlag, Erfolg, Übergewicht; Grind, Hautausschlag
usschlage, ausschlagen, verweigern
usschluddere, in einer Flüssigkeit durchschwenken
Usschoß, m, Mz **-schöß,** Ausschuß
usspeie, ausspucken
usspintiseere, nachgrübel, ausklügeln, durch Nachgrübeln herausfinden
usspreide, ausbreiten, ausspreizen
usstaffeere, ausstaffieren, herausputzen, installieren
usstivvele, Waren zur Schau auslegen
usstoppe, ausstopfen
Usstör, w, Mz **-e,** Aussteuer
ustiftele, ausfindig machen, auskundschaften
usträcke, ausziehen
uswiese, ausweisen, ein Ergebnis finden, nachweisen
uswigge, ausweiten
Usworf und **Uusworf,** m, Mz **-wörf,** Auswurf, Schleim
Uszoch und **Uuszoch,** Mz **-zöch,** Auszug
üßere, äußern
üßerlich, äußerlich
utsch!, Ausruf des Schmerzes
Uuz, m, **Uuzerei,** w, Mz **-e,** Fopperei, Ulk
Uuzbroder, m, Mz **-bröder, -vugel,** m, Mz **-vüjjel,** Fopper, Scherzvogel
uuze, foppen
Uuzerei, w, Mz **-e,** Spott, Neckerei
üvrijens, übrigens

Üvvel, m, Übel
üvvel, üvvelich, übel, unwohl
üvvelnemme, übelnehmen
üvverall, überall
üvverbeede, überbieten
Üvverblievsel, s, Überbleibsel, Rest, Trümmer
üvverböde, überborden
üvverbränge, überbringen
üvverdäue, überlassen, heimlich zuteilen
üvverdrage, übertragen, überschreiben, überliefern
üvverdrieve, übertreiben
Üvverdroß, m, Überdruß
üvverdümpele, überlisten, überraschen, überrumpeln
üvverdüvele, meistern, überrumpeln, überflügeln, überholen, übertölpeln, jemandem in etwas zuvorkommen
üvverecks, diagonal
üvverein und **üvvereins,** gleichartig, übereins, eins, einstimmig, einverstanden
üvverenander, übereinander
üvverenein, übereinander
üvverenzich, übrig, überflüssig, übriggeblieben
üvverfahre, überfahren; schaudern
Üvverfahrung, w, Mz **-e,** Ohnmacht, Zufall
Üvverfejer, m, Überflieger, oberflächlicher, hastiger Mensch mit außergewöhnlicher Auffassungsgabe
Üvverfloß, m, Überfluß
üvverfoddere, überfordern
üvverfodere, überfüttern, zuviel Futter geben
üvverföhre, überführen
Üvverhembche, s, Mz **-r,** Überhemd
üvverhevve, überheben
üvverhöre, auswendig Gelerntes hersagen lassen
üvverich, übrig
Üvverjangk, m, Mz **-jäng,** Übergang
üvverjevve, übergeben, erbrechen
Üvverjeweech, s, Übergewicht
üvverjon, übergehen
Üvverläch, m, Überlegung
üvverläje, überlegen

üvverleste, überlisten
üvverlevve, überleben
üvverloße, überlassen
üvvermödich, übermütig
Üvvermot, m, Übermut
üvvernemme, übernehmen, unmäßig essen oder trinken
Üvverrock, m, Mz **-röck,** Überzieher
üvverschlon, berechnen, überschlagen, übersehen
üvverschnappe, überschnappen, verrückt werden
Üvverschohn, m, Überschuhe
üvverschrigge, überschreiten
üvversetze, übersetzen
üvversinn, übersehen
üvverstölpe, überstülpen, überstürzen
üvverston, überstehen
üvversträufe, überstreifen
üvverwenne, überwinden
üvverwinge überwinden
üvverzälle, überzählen
üvverzällich, überzählig, überflüssig
Üvverzoch, m, Mz **-zöch,** Überzug

V

Va, m, Vater (Kurzform)
Vääsch, m, Mz **-te,** Vers
Vaaskant, w, Mz **-e,** Abschrägung der Kante; schräge Kante bei nicht winkelig geschnittenem Holz
Vakanz, w, Mz **-e,** Ferien
Vanillche, s, Mz **-r,** Vanillelikör
Vatter, Vader und **Va,** m, Vater
Vatterunserklöppel, m, Mz **-e,** Stab der Vorbeter der katholischen Bruderschaften
Veedel, s, Viertel
veedele, vierteilen
Veedeljohr, s, Vierteljahr
veer, vier
veete, vierter
veezehn, vierzehn
Veezehn-Fuffzehn!, Spottruf für hinkende Personen
veezich, vierzig
Veh, s, Vieh
Vehmaat, m, Mz **-määt,** Viehmarkt
Vehmäd, w, Mz **-e,** Viehmagd
veraachte, verachten
verantwoode, verantworten
verarbeide, verarbeiten
veravredde, verabreden
verbälle, verballen, verstauchen
verbas, verbaselt, verbasert, befangen, betroffen, verlegen, verwirrt
verbasere, bestürzt werden, erstaunen
verbedde, verbitten
verbeede, verbieten
verbesse, verbissen
verbieße, sich etwas verbeißen; etwas überwinden
verbiestere, verwirren, trüben, übel gelaunt werden
verbimsche, verprügeln
verbinge, verbinden
verblänge, verblenden
verblevve, verblieben

verblieve, verbleiben
verblode, verbluten
verblöffe, verblüffen
verblöhe, verblühen
verblöme, verblümen
verbodden, verboten
verbraht, verbracht
verbränge, verbringen; verschwenden, vergeuden
verbrocke, einbrocken; sich Ungelegenheiten bereiten
verbrötsche, verschmoren
verbruche, verbrauchen
verbruddele, verwirren, verderben
verbruddelt, überworfen
verbubbele, verplaudern
verbumfiddele, vertändeln, vertun, verbringen
verdammp, verdammt
verdeene, verdienen
Verdeens, m und s, Verdienst
verdeile, verteilen
Verderv, m, Verderb
verderve, verderben
verdomme, verdummen
verdommp, verdummt
verdon, vertan
verdonnere, verurteilen, heftig anfahren
verdööschte, verdursten
verdötsch, befangen, verlegen, verwirrt, sinnverwirrt, beschränkt von Verstand, idiotisch, tölpelhaft
verdrage, vertragen; ertragen; ausschwätzen
verdraht, vertragen
verdreeße, verdrießen
verdreeßlich, verdrießlich
verdrevve, vertrieben
verdrihe, verdrehen
verdriht, verdreht, verrückt, übellaunig
Verdroß, m, Verdruß
verdrüch, vertrocknet
verdrüjje, vertrocknen
verdubbele, verdoppeln

verdümpele, bemänteln, einschüchtern, verheimlichen, vertuschen
verdun, vertun, sich irren, verschwenden
Verdun, s, Irrtum
verdütsche, verdeutschen
vererve, vererben
verfreere, erfrieren
verfule, verfaulen
verfumfeie, durchbringen, verderben
verfumfeit, verbracht, verdorben, verschwendet
verhabbele, unbedacht ein Geheimnis ausschwätzen, sich versprechen, sich verwirren
verhaddere, sich versprechen, unüberlegt bekennen
verhaftich, wahrhaftig
verhaseleere, verbringen, verschwenden
verhaspele, versprechen, sich verraten
verhaspelt, verwirrt
verhaue, versprügeln, **sich –,** sich versprechen, durch Redensarten verraten
verhevve, verheben
verhierode, verheiraten
verhöde, verhüten
verhöre, verhören
verhovve, verhoben
verhuddele, schlecht arbeiten, verderben
verjeeße, vergießen
verjelde, vergelten
Verjeß, m, Vergessenheit
verjesse, vergessen
verjevve, vergeben
verjliche, vergleichen
Verjnöje, s, Vergnügen
verjnöje, vergnügen
verjöcke, verbringen, verschwenden
verjöde, entschädigen, vergüten
verjöhre, verjähren
verjöht, verjährt
verjon, vergehen, verschwinden
verjrave, vergraben

verjriefe, vergreifen
verjuckele, durchbringen, verschwenden
verjünne, vergönnen
Verjuns, w, Vergunst, Erlaubnis
verjuxe, verbringen, vergeuden
verkäkse, ekeln, bis zum Überdruß unmäßig essen, sich übernehmen
verkälde, erkälten
Verkäldung, w, Erkältung
verkale, frieren, erkälten
verkeht, falsch, irrig, boshaft, leichtsinnig, schelmisch, unrichtig, verkehrt
verkindsche, im Alter kindisch werden
verkloppe, verkaufen
verklüngele, Zeit oder Geld verbringen, vergeuden
verkniefe, verkneifen, sich etwas versagen
verknöche, verknöchern
verknuse, jemanden oder etwas mögen
verknüsele, beschmutzen, zerknittern
verknutsche, zerknüllen, zerdrücken
verkrome, verkramen, verlegen
verkröötsche, verkümmern, in sich vergehen
verkrose, verlegen, etwas derart weglegen, daß man es nicht wiederfindet
verkrünkele, Stoff zerdrücken, Bruchfalten machen
verkumme, verkommen
verkümmele, verbringen, verschwenden
verkusele, beschmutzen, zerknittern
verlängs, vorlängst, vor kurzem
Verläuv, m, Verlaub, Erlaubnis
verläv, abgelebt, verlebt
verledde, verflossen, neulich, vergangen
verleech, verleeks und **vleech,** vielleicht
verleere, verlieren
verleev und **vörleev,** vorlieb
verlehre, verlernen
verlihne, verleihen
Verloss, m, Verlaß, Vertrauen
verloße, verlassen

verlöstere, durchbringen, sich amüsieren
verluddere, leichtsinnig verbringen
Vermaach, m, Freude, fröhlicher Schmaus, Vergnügen
vermaache, vererben; freudig genießen, lecker essen
vermaht, vermacht
vermeddele, vermitteln
Vermeddeler, m, Vermittler
Vermeddelung, w, Vermittlung
vermeede, vermieten
vermenge, vermengen, vermischen
vermengeleere, vermengen, vermischen
vermesse, vermissen; vermessen, ausmessen
vermeubele und **vermöbele,** durchbringen, verprügeln, den Standpunkt klar machen, zurechtsetzen
vermode, vermuten
vermölsche, vermischen
vermuck, störrisch, eigensinnig
vermurkse, etwas schlecht arbeiten, verderben
vernäle, vernageln
vernält, vernagelt; geistig beschränkt
vernattert, erpicht, eingenommen, vernarrt
verneet, vernietet
verodeneere, verordnen
verordeilt, verurteilt
verpänze, übermäßig viel essen
verpenne, mit Stiften vernageln, Metallporen mit dem Hammer dicht schlagen; verschlafen
verpich und **verpicht,** erpicht
verplacke, verkleben, sein Geld mit unnützen Ausgaben durchbringen
verplämpere, verbringen, vergeuden
verplex, perplex, verblüfft, verlegen
verpoppe, verpuppen
verposementeere, umständlich darlegen, verschwenden
verpuste, verschnaufen
verquängele, etwas auf nachlässige Weise vertun
verquarkse, zusammenschrumpfen
verrähne, verregnen
verrecke, verenden, krepieren

verrevve, verrieben
verrode, verraten
Verröder, m, Verräter
versage, versagen
versaht, versagt
versaue, beschmutzen, verunreinigen, verderben
versäufe, ersäufen
verschale, sauer werden; mit Brettern bekleiden
verschängeleere, beschädigen, entstellen
verscheeße, verschießen, verbleichen, sich verlieben
verschimmele, verschimmeln
verschimpeere, beschädigen, entstellen, verstümmeln, verunglimpfen, verunzieren
verschlampe, gute Kleidung durch Tragen im Haus oder bei der Arbeit rücksichtslos verderben
verschlecke, verschlucken
verschlieme, verschleimen
verschließe, verschleißen
verschlippere, vernachlässigen, vergessen, versäumen, aufschieben, bis es zu spät ist
verschlofe, verschlafen
verschlon, verschlagen
verschluch, leckermäulig, naschhaft
verschmore, verschmoren, aufrauchen
verschnappe, versehentlich ausplaudern
verschniggele, zerschneiden
verschnupp, naschhaft, verwöhnt
verschokeere, gut unterbringen, verlegen
verschrumpele, runzelig werden, verschrumpfen
verschwijje, verschweigen
versesse, auf etwas versessen, erpicht
versetze, versetzen, verpfänden
versimpele, verrückt, schwachsinnig werden
versinn, versehen, die Sakramente spenden
versolle, versohlen, verprügeln
versore, versauern
versöße, versüßen
verspare, ersparen, versparen
verspille, verspielen

verspöre, verspüren
versproche, versprochen
verstallt, verstellt
Versteche, s, Versteckspiel
Versteistemich, m, Einsehen, Kenntnis, Begriff, Verstand, Verständnis
verstemmp, verstimmt
verstolle, verstohlen
verston, verstehen
verstoppe, verstopfen
verstorve, verstorben, verdorrt – durch Alter oder schlechte Aufbewahrung verdorben
verstöt, sehr erregt, verwirrt, verstört
verstuche, verstauchen, Glieder verrenken
versuffe, versaufen
versume und **versüme,** versäumen
versümp, versäumt
vertaaste, vergreifen, einen Mißgriff machen
vertesteweere und **vertestueere,** in Verlegenheit bringen, auf Seite schaffen, den Sinn verwirren
vertrack, unbotmäßig, übel gelaunt, bösartig
verträcke, ausziehen, verziehen, windschief werden
vertredde, vertreten, spazieren gehen
vertrocke, verzogen
vertrodde, vertreten
vertrüste, vertrösten
vertusche und **vertüsche,** bemänteln, beschönigen, totschweigen, verheimlichen
vertüttele und **vertüntele,** verhätscheln, verwöhnen; verbringen, verschwenden
vertuusche, vertauschen
verungeneere, ruinieren
verüßere, veräußern, sich entledigen
verüvvele, verübeln
verüvver, vorüber
verwahre, bewahren, aufheben, in Obhut nehmen
Verwahrschull, w, Mz **-e,** Kindergarten
verwäule, verwühlen
verwault, verwühlt

verweche, vergangen
verwedde, verwetten
verwenne, verwöhnen
verwerre, verwehren
verwiehle, verweilen
verwiese, verweisen
verwihe, verwehen
verwinge, überwinden
verwonne, verwohnen, eine Wohnung abnutzen
verwonnt, verwohnt
verzäht, verzehrt
Verzäll, m, Erzählung, Gerede, Geschwätz
verzälle, erzählen; verzählen
verzallt, verzählt; erzählt
verzeere, verzieren
verzerre, verzehren
vespere, Zwischenmahlzeit am Nachmittag einnehmen
vexeere, vexieren, quälen
Vexeerknöchelche, s, Mz **-r,** empfindliche Stelle am Ellenbogen
Vielchesstrüßje, s, Mz **-r,** Veilchensträußchen
Vielcheswoozel, w, Mz **-e,** Veilchenwurzel, auf die zahnende Kinder beißen
Viez, m, Apfelwein
vijelett, violett
Vijelin, w, Mz **-e,** Violine; Arrestlokal
Vijilje, Mz, Nachtwache, Vorabend eines hohen Festes, nächtliche Kirchenfeier vor Beerdigungen
Vijülche, s, Mz **-r,** Veilchen
Vikarjes, m, Mz **-e,** Vikar
vil, Mz **ville,** viel
villeich, vielleicht
Visaasch, w, Mz **-e,** Gesicht
viseere, zielen, visieren
visiteere, nachsehen, untersuchen
Visitt, w, Mz **-e,** Besuch
Visitteschnigger, m, Arzt, der aus geschäftlichen Gründen zuviel Besuche macht
Vödderfoß, m, Mz **-föß,** Vorderfuß

Volkspill, s, Volksmenge
voll, voll, betrunken
vollbränge, vollbringen
volljeprämmp, vollgestopft
Vollül, w, Mz **-e,** Trunkenbold, Betrunkener
vör, vor
vöran, voran, vorwärts
vörab, vorab, einstweilen
vörbedde, vorbeten
vörbehalde, vorbehalten
vörbränge, vorbringen
Vördraach, m, Mz **-dräch,** Vortrag
vördrage, vortragen
vöre, vorne
vöreesch, vorerst
vörerüvver, vorn herüber
vörhalde, vorhalten
vörhan, vorhaben
Vörhembche, s, Mz **-r,** Vorhemd
vörjebäät, vorgebetet
vörjebraht, vorgebracht
vörjedraht, vorgetragen
vörjesatz, vorgesetzt
vörjeschrevve, vorgeschrieben
vörjeschwäv, vorgeschwebt
vörjesesse, vorgesessen
Vörjespoks, s, Ahnung, Vorzeichen
vörjevve, vorgeben
vörjon, vorgehen
Vörkäufer, m, **Vörkäufersch,** w, Mz **-e,** Vorkäufer, Vorkäuferin, Zwischenhändler
Vörkind, s, Mz **-er,** Kind aus erster Ehe, uneheliches Kind
vörlaufe, vorlaufen
vörleev, vorlieb
vörloße, vorlassen, jemandem den Vorrang lassen
vörmaache, vormachen
Vöroot, m, Mz **-e,** Vorort
vörop, vorauf

vörrigge, vorreiten
vörsage, vorsagen
vörscheeße, vorschießen
vörschohne, vorschuhen
Vörschoßmähl, s, beste Sorte Mehl
vörschrieve, vorschreiben
vörsetze, vorsetzen
vörsin, vorsehen, Sorge tragen
Vörspill, s, Vorspiel
Vörsproch, w, Mz **-e,** Fürsprache
vörus und **vöruus,** voraus
vörusjon, vorausgehen
vörüvver, vorüber
vörwerfe, vorwerfen
Vörwetznas, w, Mz **-e,** vorwitzige Person
vörzicks, vorzeitig
vörzigge, vorzeiten
Vrängel, m, Mz **-e,** Knüppel, starker, robuster Mensch
vreislich, ekelerregend, schrecklich
Vrese, s, kaltes Fieberfrösteln
vriet, ausdauernd, fest, gefühllos, hart, kalt, kerngesund, zäh
vringe, wringen
Vron und **Vrün,** s, Veronika
Vüdderdeil, s, Vorderteil
Vüddermann, m, Mz **-männer** und **-lück,** Vordermann, Vorderleute
vüddersch, vordere
Vugel, m, Mz **Vüjjel,** Vogel
Vugelsjaan, s, Netz zum Vogelfang
Vugelskeesch, w, Mz **-e,** Ebereschenbeere
Vugelskorv, m, Mz **-körv,** Vogelbauer
Vugelsliem, m, Vogelleim
Vugelsom, m, Vogelfutter
Vulang, w, Mz **-e,** Volant
vun, von
vundanne und **vundanns,** vondannen
vunenein, voneinander
vürrich, vorhergehend, vorig

W

wä, wer
Waach, w, Mz **-te,** Wacht
waache, wachen
Waachhüsje, s, Mz **-r,** Wachthäuschen; außergewöhnlich dicker Hintern
Waachhuus, s, Mz **-hüser,** Wachthaus
Waaß, m, Wachs, Wuchs; Zustand des Wachsens
Waaßdroht, m, Mz **-dröht,** Wachsdraht
waaße, wachsen
wääßele, wechseln
Waaßleech, s, Mz **-ter,** Wachslicht
Waaßstock, m, Mz **-stöck,** Stock mit Wachsdocht zum Anzünden der Kerzen
Waatsfrau, w, Mz **-e,** Wartefrau; Kindbett-Wärterin
Waaz, w, Mz **-e,** Warze
Wäch, m, Weg
Wächkrätzer, m, Wegearbeiter auf der Landstraße
Wacholderkoon, s, Mz **-körner,** Wacholderkorn
Wacholdervugel, m, Mz **-vüjjel,** Singamsel
Wächwieser, m, Wegweiser
wacker, wach, munter, frisch
wackerich, wach, wachend
waddeere, wattieren
wade, warten
wäde, werden
Waffelieser, s, Mz **-e,** Waffeleisen; **en alt –,** ein altes häßliches Weib
waggele, wackeln
Waggelent, w, Mz **-e,** Wackelente; Person mit watschelnder Gangart
wahre, wahren
wäje, bewegen
wal, wohl, gewiß
walje, Ekel empfinden, aufstoßen, übel sein
walke, durchprügeln, walken
Wall, m, Mz **-e,** Abbrühung
Wall, m, Mz **Wäll,** Wall

Wammännche?, Was, Männchen?, Ausdruck der Freude, des Triumphes; Ohrfeige
Wammes, s, Mz **-e,** Wams
Wand, w, Mz **Wäng,** Wand
Wandluus, w, Mz **-lüs,** Wanze
wandrose, toben, wüten
wandrosich, tobsüchtig
Wann, w, Mz **-e,** Wanne
wann, wann; wenn
Wännläpper, m, fahrender Geschirr-, Korb- und Wannenflicker; schlechter Blech- und Kupferschmied
wärm, warm
wärmches, hübsch warm
Wärmde, w, Wärme
wärme, wärmen
Wärms, s, Warmes, warme Speisen
Warre, m, kleines Eitergeschwür an den Augenlidern
warschaue, warnen
wäsche, waschen
waschele, undeutlich laut durcheinander reden
Wäschkump, w, Mz **-kümp,** Waschschüssel
Wäschling, w, Mz **-e,** Wäscheleine
Wäschmang, w, Mz **-e,** Waschkorb
Wäschovve, m, Mz **-övve,** Ofen unter dem Waschkessel
Wäschzeddel, m, Mz **-e,** Wäscheverzeichnis
wässere, wässern, in Wasser aufweichen
Wassersack, m, Mz **-säck,** Abguß an der Tabakpfeife
wasses!, Ausruf des Schreckens oder der Verwunderung
wat, was
Wät, m, Wert
wät, wert
Watsch, w, Mz **-e,** Ohrfeige
watsche, ohrfeigen
Wäul, m, Menge, Haufen, Wust
wäule, wühlen
Wäules, m, Mz **-e,** Wühler; Menge, Haufen; unfrisierter kraushaariger Kopf
Wauwau, m, Mz **-s,** Hund
Wävstohl, m, Mz **-stöhl,** Webstuhl

Wax, w, Prügel
waxe, prügeln
Weck, m, Mz **Wegge,** Weizenbrot
Weck, m, Wicke
Weckel, m, Schopf
Weckel, w, Mz **-e,** Wickelschnur
Weckel, m, Mz **-e,** Tabakwickel zum Einrollen in Zigarrendeckblätter
Weckelditzje, s, Mz **-r,** gewickelter Säugling
Weckwoche, Mz, Flitterwochen
wedde, wetten
Weddenschaff, w, Mz **-schafte,** Wette
Wedder, s, Wetter
weddere, wettern, polternd schimpfen
Wedderlööchte, s, Wetterleuchten
Weech, s, Mz **-ter,** Mädchen
Weech, w, Mz **Weege,** Wiege
Weet, m, Mz **-e,** Wirt
Weetshuus, s, Mz **-hüser,** Wirtshaus
Weez, w, Würze
Weggefrau, w, **Weggemann,** m, Figuren aus Weizenteig
wehre und **werre,** wehren
Weiher, m, Mz **-e,** Teich
Weihkessel, m, Mz **-e,** Henkelkessel mit Weihwasser
Weihquaß, m, Mz **-quaste** und **-quäß,** Weihwasserwedel
Weihwasser, s, geweihtes Wasser für Taufe und Segen
weje, wiegen
welch, welk; welches
weld, wild
Welde, m, Wilder
weldere, wildern
weldfremb, wildfremd
Well, w, Mz **-e,** Welle
Welle, m, Willen
welle, wollen
Wellem, Will und **Helmes,** m, Wilhelm
wellens, gewillt
wellich, willig
wellmödich, willmütig

Wellmot, w, Mutwillen, Übermut
welsch, fremd, undeutsch
Welsche, m, Franzose, Wallone
wenge, wenden
wenne, gewinnen, gewöhnen
werfe, werfen
Werk, s, Werk; Werg, kurze, ausgehechelte Fasern von Hanf und Flachs
Werkeldaach, m, Wochentag, Werktag
Werkeldaachsbotz, w, Mz **-e,** Werktagshose
werre und **wehre,** wehren
werve, werben
Weß, w, Mz **Weste,** Weste
weßbejeerich und **-bejeelich,** wißbegierig
wesse, wissen
Weßfällinger, m, Westfale
Westetäsch, w, Mz **-e,** Westentasche
Wett, w, Mz **Wedde,** Wette
wevve, weben
Wevver, m, Weber
Wevversch, w, Mz **-e,** Weberin
wibbele, sich lebhaft bewegen
Wibbelstätz, m, Mz **-e,** unruhiger, unsteter Mensch
wiche, weichen
Wick, w, Mz **Wigge,** Weide
Wickaasch, m, **-fott,** w, jemand, der häufig durch eine Tür ein- und ausgeht, ohne sie zu schließen
Wickde, w, Ferne, Weite
wickläufich, weitläufig
widder, wieder, aufs neue, abermals
Widderböösch, w, Mz **-te,** struppige Haare, widerborstige Haarbüschel
widderbööschtich, widerspenstig
widderbränge, zurückbringen
widderenein, gegeneinander
widderich, widrig
widderjevve, wiedergeben
Widderkickes, s, Wiedersehen
widderkrijje, zurückbekommen

widderkumme, wieder- und zurückkommen
widderläje, widerlegen
widdernemme, wiedernehmen, zurücknehmen
widdersage, vertraulich Gehörtes weitererzählen
widdersin, wiedersehen
widderston, widerstehen
Widderwelle, m, Widerwillen
Widderwoot, s, Mz **-e,** Widerwort
Wiel, m, Augenblick, Weile
Wielche, s, kleine Weile
wiele, weilen
wiese, weisen
Wieß, s, helles kölsch Bier
wieß, weiß
wießaatich, weißfarbig
Wießbooch, w, Mz **-e,** Weißbuche
Wießbütt, w, Mz **-e,** Bäckereitisch, auf dem die Brötchen gemacht werden
wieße, weißen, tünchen
Wießjerver, m, Weißgerber
Wießmann, m, Mz **-männer,** Tüncher
Wießquaß, m, Mz **-quaste,** Tüncherpinsel mit Holzstiel
Wiev, s, Mz **-er,** Weib
Wieverfastelovend, m, Donnerstag vor Karneval
wievill, wieviel
wiewal, wiewohl
wigge, weiten
wigger, weiter
wih, weh
Wih, w, Mz **-de,** Geburtswehe
wihe, wehen
wihmödich, wehmütig
Wihwihche, s, Mz **-r,** kleine unbedeutende Wunde
Wind, m, Wind, Blähung
Windbüggel, m, Mz **-e,** Windbeutel
Windkullick, w, schmerzhafte Blähung
Windmächer, m, Bälgetreter an der Orgel
windsch, schief gewunden, verzogen, krumm
Windwasser, s, Fenchelwasser

Wing, w, Mz **-e,** Winde
Wing, m, Wein
Wingche, s, Mz **-r,** leichter, feiner Wein
winge, winden
Winget, m, Mz **-e,** Weinberg, Weingarten
Wingstock, m, Mz **-stöck,** Rebe
Wingzäpper, m, Weinwirt
winke, winken
Winkelskrom, m, wertloses Zeug
winnich, wenig
wintersch, während des Winters
Wipp, w, Mz **-e,** Wippe
Wippche, s, Mz **-r,** leere Ausreden, Flausen, Lügen, Umstände, Umschweif
wippe, wippen; hinauswerfen, entlassen
Wippeföttche, s, Mz **-r,** Raupenpuppe
Wippemännche, s, nervöses Augenliderzucken
Wippstätz, m, Mz **-e,** flinker, unruhiger Mensch
Wippstätzje, s, Mz **-r,** Bachstelze
Wirvel, m, Wirbel
wirvele, wirbeln
Wisel, m, Mz **-e,** Wiesel
wisele, sich behende bewegen
wiselich, behend, flink, gewandt
Wispresilje, w, Vielwisserin, naseweise Frau
Wittfrau, w, Mz **-e,** Witwe
Wittmann, m, Mz **-männer,** Witwer
Wix, w, Wichse, Schuhwichse; Tracht Prügel
wo dann? und **wo dänns?,** woher?
wöde, wüten
wödich, würdig; wütend
wodran, woran
wodren, worin
wofän, wofern
woför, wofür
woge, wagen; wiegen
wohinger, wohinter
wöhle, wühlen
Wöhlhans, m, Mz **-e,** Wühler

wohr, wahr
Wohrheit und Worret, w, Wahrheit
Wohrwoot, s, wahres Wort, guter Ausspruch
Wöhles, m, Wühler
Wölfje, s, Mz **-r,** getrockneter Nasenschleim
Wolfsrache, m, Fehlbildung am menschlichen Rachen
Woll, w, Wolle
Wöllche, s, Mz **-r,** Wollflöckchen
wölle, wollen
Wols, w, Mz **-te,** Wulst
wölve, wölben
womet, womit
wonevve, woneben
wonne, wohnen
Wonnung, w, Mz **-e,** Wohnung
Wonnungsnut, w, Wohnungsnot
Wooch, m, Mz **-e,** Waage
Woochhals, m, Mz **-häls,** waghalsiger Mensch
Woop, m, Mz **Wööp, Wööpche,** s, Mz **-er,** Wams, Jacke
Woosch, w, Mz **Wöösch,** Wurst
Wooschbröh, w, Wurstbrühe
Wooschkrückche, s, Wurstkraut (Majoran, Thymian)
wooschte und **wooschtele,** wursteln; planlos arbeiten, unordentlich zusammendrehen, ungeschickt arbeiten
Wooschtepenn, m, langer, dünner Holzstift zum Durchstechen der gerollten Bratwurst
Woot, s, Mz **Wöder,** Wort; **Wötche,** s, Mz **-r,** Wörtchen
Woozel, w, Mz **-e,** Wurzel
Wope, s, Wappen
Worbel, w, Mz **-e,** Waldbeere
worenn, worin
Worfjaan, s, Fischerwurfnetz
woröm, warum, worum
worop, worauf
worunger, worunter
worüvver, worüber
Wos, m, Haufen, Menge, Wust
wös, unangenehm, unartig, wüst
Wösch, m, Wisch; Kopfkissen, Tragkissen

Wöstenei, w, Mz **-e,** Wüstenei
Wot, w, Wut
wovun, wovon
wovundanne, woher
wozo, wozu
Wupp, m, schnelle Bewegung
Wupptisch, m, rasch geleertes Gläschen Schnaps
wupptisch, plötzlich, rasch, schnell
Wuptizität, w, Fertigkeit, Fixigkeit, Gelenkigkeit, Schnelligkeit
Würchbier, w, Mz **-birre,** Würgbirne, saure Birne
wurme, ärgern, wurmen
Wurmkruck, s, Wurmkraut

X Y

Da im Hochdeutschen nur fremdsprachliche Begriffe mit den Buchstaben x oder y beginnen, gibt es auch keine ursprünglich kölschen Wörter mit diesen beiden Anlauten.

Z

zaat, zart
Zaatjeföhl, s, Zartgefühl
zabbele, zappeln
Zabel und **Zäbel,** m, Mz **-e,** Säbel
zabele und **zäbele,** säbeln, Haare schlecht schneiden
Zacheies, m, Zachäus, Zacharias; bewegliche Puppe, die früher an Kirmestagen beim Einsammeln des Opfergeldes in der Pfarre herumgetragen wurde
Zackerbletz, m, Säbel, Fluchwort
zackerjü!, Ausruf der Freude, der Wut; Fluch
zackerment!, verflucht!, im Sinne der Bewunderung
zackermenteere, fluchend schimpfen
Zackermenter, m, geschickter Bursche, verfluchter Kerl
zackermoot!, Ausruf der Erregung
Zafferon, m, Safran
Zäggelche, s, Mz **-r,** Zäckchen
zaggele, auszacken
Zalat, Schlot, m und s, Salat
Zaldat, m, Mz **-e,** Soldat
zälle, zählen
Zang, w, Mz **-e,** Zange; stets keifendes Weib
Zäng, Mz, Zähne
Zänk, m, Zank
zänke, zanken
Zänkersch, w, Mz **-e,** Zänkerin
Zant, m, Mz **Zäng,** Zahn
Zantfläsch, w, Zahnfläche; Steinhauerhammer mit spitzen scharfen Zähnen
Zantieser, s, Steinmetz-Zahneisen
Zantping, w, Zahnschmerz
zappe, ausschenken, zapfen
Zappe, m, Zapfen; Halszäpfchen
Zappenollich, m, Tannenzapfenöl
Zapper, m, Zapfer, Schenkjunge
zappermaß und **zappermoot!,** Ausruf der Erregung, der Freude und des Unwillens
Zappes, s, Ausschankraum

Zappjung, m, Mz **-e,** Zapfjunge
zärje, sticheln, foppen, necken, reizen, ärgern
Zasseparill, s, Sassaparille, Stechwindenwurzel
Zasseraß, m, Gewinnanteil
zaue, eilen
Zaus, w, Brühe, Bratentunke
Zaverius, m, Xaverius
ze und **zo,** zu
zebaschte, zum Bersten; zum Totlachen
Zebingemann, m, erbärmlicher Mensch
zedeere, abtreten
Zeech, w, Mz **-e,** Kopfkissenüberzug
Zeech und **Jeiß,** w, Mz **-e, Ziege**
Zeechmoder, w, Ziehmutter
Zeekling, w, Mz **-e,** Ziehklinge zum Glätten von Holz
zeere, zieren
Zeerot, m, Zierde, Zierat
zehre und **zerre,** zehren
Zehrung, w, Schwindsucht
zelebreere, rühmen, preisen; die Messe lesen
Zellerei, w, Sellerie
zerarbeide, überangestrengt arbeiten
zerbläue, durchprügeln
zerbubbele, sich mit Reden vergeblich anstrengen
zerdeile, verteilen, zerteilen
zerdun, wichtig tun, Aufhebens machen, prahlen
zerfroge, anhaltend fragen
zerfrößele, anhaltend arbeiten
zeriös, ernst, gemessen
zerje, ärgern, reizen, höhnen, zanken
Zerjett, w, Stickgarn
zerjon, vergehen
zerläje, zerlegen, zerteilen
zermölme, zerreiben, zu Staub machen
zeröschele, sich quälen, sich Skrupel machen
zerpöle, einen Gegenstand mit Steinen bewerfen
zerrieße, zerreißen
zerrieve, verreiben
zerschlage, verprügeln; ermattet

zerschlon, durchprügeln
zerschnigge, zerschneiden
zerschreie, anhaltend und angestrengt schreien
zerschwade, durchprügeln
Zervas, m, Servatius
Zervelatwoosch, w, Mz **-wöösch,** Zervelatwurst
Zervijett, w, Mz **-e,** Serviette
zesamme und **zosamme,** zusammen
zi, zint und **zinter,** Sankt
Zibbedeies, m, Zebedäus
Zibbel, m, Mz **-e,** Ende, Fetzen, Zipfel; lächerlicher, feiger, eingebildeter Mensch
zibbelich, bange, feige, unschlüssig
Ziburjum, m, Ziborium, großer Kelch zur Aufbewahrung der geweihten Hostien
Zick, w, Mz **Zigge,** Zeit
zick, seit
zicklevvens, zeitlebens
zicklich, manchmal, oft, öfters
Zickverdriev, m, Zeitvertreib
zickwielich, zeitweilig
Zidder, m, Zittern
ziddere, zittern
ziejele, ziegeln
Ziejelei, w, Mz **-e,** Ziegelei
ziesich, von einer bestimmten Krankheit oft befallen
Ziesje, s, Mz **-r,** Zeisig
ziggich, zeitig
zih, zäh
Zihe, m, Zehe
Zihichkeit, w, Zähigkeit
Zijar, w, Mz **-e,** Zigarre
Zilje, Zill, Zillche und **Zizillje,** s, Cäcilie
Zimdeckel, m, Mz **-e,** Schlagbecken
Zimpatie, w, Sympathie
Zimpelche, s, Mz **-r,** simpler, verrückter Mensch
zimperlich, peinlich, kleinlich, ängstlich
zinder, seit, seitdem
Zing, Tinn und **Zinn,** w, Mz **-e,** Wasserkübel

Zinnekesblädder, Mz, Sennesblättertee
Zirop, m, Sirup
Zis, Zisje, Ziska und **Fränz,** w, Franziska
ziteere, anführen, vorladen, bescheiden
Zittersom, m, Wurmkraut in kleinen Zuckerkörnern
Zizies, w, **Ziziesje,** s, Mz **-r,** dünne Bratwurst
zo und **ze,** zu
Zöbbel, m, Mz **-e,** herunterhängendes Ende, Fetzen
zöbbele, unordentlich hervorhängen; langsam schlendernd gehen
zöbbelich, unordentlich, schlampig
Zöbbelsmatant, w, Mz **-e,** schlampiges Frauenzimmer
zobinge, zubinden
Zobooß, w, Mz **-e,** Zubuße
zobrenge, zubringen, Bescheid bringen
Zoch, m, Mz **Zöch,** Zug, Aufzug, Flaschenzug; Durchzug
zöcke, zücken
zodun, zumachen, hinzutun, beilegen, ergänzen
zoeesch und **zoeets,** zuerst
Zoesse, s, Speisen, Mahlzeit
Zofloch, w, Zuflucht
Zofloß, m, Mz **-flöß,** Zufluß
Zofohr, w, Mz **-e,** Zufuhr
zofridde, zufrieden
zohalde, zuhalten
zohingersch, zuhinterst
Zojang, m, Mz **-jäng,** Zugang
zojebraht, zugebracht, zugetrunken, verlebt
zojedraht, zugetragen
zojejevve, zugegeben
zojelaht, zugelegt
zojerädt, zugeredet
zojeröß, zugerüstet
zojesaht, zugesagt
zojesatz, zugesetzt
zojeschnedde, zugeschnitten
zojesin, zugesehen
zojeston, zugestehen, einräumen, überlassen
zojestosse, zugestoßen

zojetrocke, zugezogen
zojevve, zugeben, beistimmen, einräumen, willfahren
zöjich, zugig
zojlich, zugleich
zojoderletz, allerletzt, zuguterletzt
zojriefe, zugreifen
zoknöppe, zuknöpfen
zokrämpe, zuhaken
zokrijje, zubekommen, zuschließen
zokumme, zukommen
zoläbdaach, zu Lebtag
zoläje, zulegen
Zolaß, m, ein etwa 500 Liter enthaltendes Weinfaß
zoletz, zuletzt
Zollstock, m, Mz **-stöck,** Maßstab
Zollstoppe, m, Korkstopfen
zölvere, langsam trinken
zomode, zumuten
zonemme, zunehmen, dicker werden
Zoot und **Zoort,** w, Mz **-e,** Sorte
zopaß, gelegen, willkommen
Zopp, m, Mz **Zöpp,** Zopf
zoppe, tunken
zoräch, zurecht
zoredde, zureden, beschwichtigen, besänftigen
zoreechte, zurichten, mißhandeln
Zores, m, Profit
zoröck, zurück
zoröckbrenge, wiederbringen
zoröckhalde, zurückhalten
zoröckjon, zurückgehen
zoröckläje, zurücklegen, ersparen
zoröcksetze, zurücksetzen, absichtlich übergehen
zoröckston, zurückstehen
zoröcktrecke, zurückziehen
zoröcktredde, zurücktreten
zoröste, zurüsten, zurichten
Zorteer, m, Sortierung nach Sorte, Art und Gattung; Gesammeltes; ungeordnete Verhältnisse

zorteere, sortieren, ordnen
zosage, zusagen, versprechen
zosamme und **zesamme,** zusammen
zoscheeße, zuschießen, beitragen
zoschlon, Kauf abschließen, zuklappen, zusammenfalten, zuschlagen
zoschmieße, zuschmeißen
zoschmirre, zuschmieren, verkleben
zoschnigge, zuschneiden
Zoschoß, m, Mz **-schöß,** Zuschuß
zosetze, zusetzen, beilegen
zosins, zusehends, angesichts dessen
zospetze, zuspitzen
zospreche, zusprechen, redend einwirken
zostemme, zustimmen
zostöre, zusteuern, beilegen, unterstützen
zostüsse, zustoßen
zoträcke, zuziehen, nach sich ziehen, schließen
zovill, zuviel
zovör, zuvor
zowääsch, durcheinander, quer, schief, verkehrt
Zowääschdriever, m, **-sch,** w, Mz **-e,** Querkopf, Zänker, Trotzkopf, jemand, der alles in Unordnung bringt
zowäch, zuwege
zowidder, zuwider
zowiele, zuweilen
zowiese, zuweisen
Zubbel, w und m, Mz **-e,** schlampige, nachlässig gekleidete Frau; Fetzen
zubbele, zerfetzt hängen
Zuckerähze, Mz, süße grüne Erbsen
Zuckerallerhands, s, Abfälle von Zuckergebäck
Zuckerei, m, Zichorie
Zuckerjots, s, Zuckergebäck
Zuckermandel, w, Mz **-e,** gebrannte Mandel
Züff, Zuffei und **Züffze,** s, Sophia
zunder, sonder, ohne
Zungestöck, s, Halsfleisch beim Rindvieh
Zupp, w, Suppe

zuppe, zupfen
Zuppejröns, Suppengemüse
Zuppekump und **Zuppepott,** m, Mz **-kümp** und **-pött,** Suppenschüssel, Suppentopf
Zuppeleffel, m, Mz **-e,** Suppenlöffel
Zuppebällche, s, Mz **-r,** Suppenklößchen, Markbällchen
Zwecke, m, Heftzwecke
zwecke, zwicken, knausern, abdingen
Zween, m, Zwirn
Zweierlingche, s, Mz **-r,** Zwillinge
Zweispetz, m, Mz **-e,** zweispitziges Instrument zum Verarbeiten einer Steinfläche
zwelf, zwölf
zwette, zweiter
Zwibbel, m, Mz **-e,** Zwiebel
Zwich, m, Mz **-je,** Zweig
Zwiefel, m, Zweifel
zwiefele, zweifeln
Zwing, w, Mz **-e,** Zwinge
zwinge, zwingen
zwor, zwar